アフター

近代資本主義は延命できるか

バブル

小幡績
OBATA SEKI

東洋経済新報社

アフターバブル　目次

第2章 コロナショックは史上最大級の危機か
——「社会が一変する」はあり得ない

第3章 すべての価格はバブルである
——原油先物マイナス40ドルは何を意味するか

第４章

日銀が行うべきは「新次元の金融政策」

——量的緩和は時代錯誤

第5章

「安心」神話が財政を破綻させる
――日本のコロナ対策が迷走する理由

第6章

「アフターコロナ」の資本主義
——原点回帰の「経済モデル」へ

プロローグ

バブルがつくった経済成長、壊した経済成長

バブル・アフターバブル

バブルとは常にバブル・アフターバブルである。

これこそがバブルの基本構造であり、バブルの本質である。

バブルにおいては、バブルの次にバブルが来て、バブルが崩壊すると、それを救済するためにバブルがつくられる。そして、またバブルは崩壊し、そこから立ち直るためには再びバブルが必要となるのである。

これを繰り返しているのである。

バブルは膨らむから弾ける。弾ければ過度に縮小する。そのとき元に戻そうとすれば、膨らませるしかない。萎んだものは膨らませることでしか元に戻らない。

すなわち、いったん外部の力で膨らませたものは、破裂するか、萎むか、萎んだのを膨らませるか、いずれかの状態でしか存在できないのだ。

自然に安定しているという状態には永遠に戻れないのである。

これは大きな問題だ。同じ大きさであり続けることはできないのだ。膨張し続けるしか、存在し続けることはできない。それ以外は、破裂か、萎むか、いずれにせよ、望ましくない状態しかないのだ。

バブル経済とはこのような状態であり、金融市場のバブルが大きく影響する。

バブルと言えば金融市場の話だと思われているが、バブル経済こそがバブルのメインフィールドであり、金融市場のバブルは、よりわかりやすい形で起こり華々しく膨らみ、劇的に弾けるから目立つが、経済全体で起きていることが、象徴的に局地的に起きている姿が金融市場のバブルなのだ。

バブルとは何か。

それは、先に何気なく触れた「外部の力で膨らませたもの」である。

これは私独自のバブルの定義だが、バブルの本質だ。

バブルはいつ始まったのか。

貨幣が社会に登場したと同時に資本主義が始まったと考えるのが、岩井克人氏などであるが、貨幣を通じた交換により富が蓄積し始め、生産が起きなくても、資本主義は存在しうるという主張だ。交換が資本主義の基礎であるという考え方である。

ここではその議論に深入りはしないが、私の考えは、「資本主義とはバブルそのものであり、バブルの一形態が資本主義である」とバブルのほうを資本主義よりも広く捉えている。

資本主義の定義とは何か。これをやり出すときりがないし、この本で議論することはできないので、ここでは、いわゆる近代資本主義のことだけを考える。そして、中世の後に始まった、近代における資本主義は、バブルの一例である。

近代資本主義とはバブル

バブルとは「外部の力で膨らませたもの」と述べたが、では、バブル経済とは何か。自給自足から外れた経済状態、すなわち、同一の規模で経済の営みの循環を繰り返す安定的な状態から外れた状態、と定義する。

そもそも、経済は通常は定常状態にある。毎日同じ営みの繰り返しである。生物はみな同じで、人間社会ももともとは同じはずだ。ここに生産力の上昇が、たとえば技術革新で生まれたとしよう。農業の発明でもいいし、道具の使用でもいいし、言語の発明でもよい。そうすると何が起こるか。人口増加である。生物は種を繁殖させるために存在するから、余力が生まれれば、それは個体の増加となる。

これは、マルサスの人口論であり、マルサス的な経済成長である。定常状態における経済成長と言ってもいいかもしれない。

人類の何万年もの経済成長を測る一番の指標は人口である。気候がよいと食物が豊富になり、人口が増える。人口増加と経済の豊かさはイコールであると考えるのが生物としての人類史の見方である。

どのようにして、この安定的な軌道を外れるのか？　ここからは少し具体的に話をしてみよう。

安定的な自給自足経済から逸脱した、ひとつの典型例が近代資本主義である。ここでは欧州に限って話をしてみよう。

中世封建制においては、移動は制限されていた。階級は固定され、人々は農奴、小作人、あるいは自営農家であり、その上に封建領主がいて、その上に王がいた。

農業の進歩により、余剰が生まれた。その一部は自営農家にも蓄積されたが、多くは、領主、貴族、王たちのところに蓄積された。それ以外のところは、自給自足、同じことの繰り返しが続いていた。しかし、この自給自足の循環経済の外であるが、社会の一部に富が少しずつ蓄積されていった。

これが溢れ出したのが近代資本主義である。

それはどうやって始まったか。

バブル経済には３つの大きな特徴がある。それは、「流動化」「外部」「フロンティア」の３つである。これらが欧州に誕生したのは１４９２年、大航海時代の始まりによってである。

つまり、循環経済に外部から何かが注入される必要がある。そうでなければ、循環の中での人口増大以外の経済成長は起きない。どこかから、新しい富が流入しないことには、人口再生産以外の、昨年よりも増加した需要が今年出てくることはないのである。

それが大航海時代の到来とともに始まった。外部に余剰のモノを売り、外部から新しいモノを入れる。そのときに、植民地（的な地域）や住民から収奪するだけでなく、収奪した富を支出して初めて経済全体に波及する。それが王や貴族たちの浪費であった。これは、ゾンバルトの『贅沢と恋愛と資本主義』における資本主義の誕生理論であり、私は、他の時代にも広く一般化できると考える。

宮廷でパーティを開き、女性たちを着飾らせ、贈り物をして気を引こうとする恋愛による浪費。これがなければ、資本主義のテイクオフはなかった、という議論である。貴族たちが貯めていた富を一気に浪費したのである。これが、都市の下層の人々にも行き渡り、経済成長が始まったのである。

もちろん、この背後には、生産力の上昇、アダム・スミスの言う、分業の発展による生産性の飛躍的向上がある。しかし、生産力が上がっても、それにカネを払う人がいなければ、需要は膨らまない。モノの値段が安くなって終わりである。

経済成長が始まるためには、毎年の繰り返しから抜け出すためには、新しい需要がシステムの外から流入することが必要である。それをもたらしたのが外部の「発見」、新大陸の登場であり、新しいモノの登場であり、それを買うための退蔵されていた富の放出であった。

そして、都市はバブルの象徴である。人々が移動し集まる。それ自体がバブルである。都市への集中は、生産のためではなく消費のためである。都市消費文化の誕生である。これが繰り返しでない新しい消費、新しい需要の登場となるのである。

かつて、まっとうだった経済学は、これを認識していた。スミスやリカードの時代までは、財はぜいたく品と必需品に分けられ、農民は必需品だけを消費し、地主または貴族だけが必需品とぜいたく品を消費するのである。そして、重商主義対自由貿易の議論においても、ぜいたく品と必需品の区別は重要で、自由貿易が貴族や地主の利益にとどまるのか、農民を含む広く国民全体に貿易の恩恵が行き渡るのか、議論されたのである。

話が少しそれるが、資本主義の発展と宗教改革が同時代であったことには意味があったのではないか、というのが私の仮説である。

すなわち、資本主義とは、資本の拡大が何よりも優先されることである。その結果、資本の自己増殖が行われることが資本主義の本質となるが、これに対する歯止めがなくなったことにより資本主義は解き放たれ、近代資本主義が始まったのではないか。

領主、貴族、王の上には神がいた。教会があった。資本の永遠の増殖、自己増殖に対する歯止め、今でいうガバナンスは、神あるいは教会によって、辛うじて保たれていたのではないか。形式的なものに過ぎなくとも、形式の歯止めは重要だ。それが、教会の堕落により宗教改革が起こり、教会でなく自分の信仰と聖書があれば十分であるとなると、あとは自分の解釈になる。自分の信仰が正しいと信じられればそれでいいのである。自己完結である。

マックス・ウェーバーの『プロテスタンティズムの倫理と資本主義の精神』を皮肉を込めて解釈すると、こうなる。ユダヤ人が金融を担っていたのは、キリスト教社会の外にあったからという見方は、これと関連する。教会ガバナンスが辛うじて残っていた時代には非キリスト教徒のみが資本を解き放つことができた。

いずれにせよ、資本主義の始まりは、外部からの流入であり、それをきっかけとする流動化であり、流動化により国境や大陸を越えた交易、人の流れが急拡大し、都市への流入が拡大し、流動化は新しい余剰とその消費を生み出し、資本主義の拡大、バブルの拡大を促したのである。

バブルの3つの循環

そして、定常的な循環を外れバブルが始まると、経済は、今度はバブルの循環に支配されることになる。

欧州経済（20世紀以降は欧米経済と言うべきだが）に関していえば、現在は、1492年に始まったバブルの拡大期の中にある。欧米近代資本主義とは、長期のバブル循環の中の1492年に始まったバブル拡大期のことを指しているに過ぎない。

このバブル拡大期は、それ以前の中世の安定的な経済循環の後に来たものである。この中世は、その後のバブル拡大期から見れば、バブルがないという意味で暗黒だが、安定した自給自足をしながら経済水準を向上させていった好循環の安定期であり、真の経済力の蓄積期である。

この中世は、その前のバブル循環が終了後に成立したものである。古代ローマ帝国（東西分裂前の）でピークを迎えたバブル循環の次のバブル循環が近代資本主義の時代である。中世はその間に成立する安定期だ。

このように考えると、バブルとは大きな循環であり、その循環は３つの次元の異なる循環に分けて考えることができる。

長期のバブル循環とは、今述べた循環である。具体的には、ローマ帝国でピークを迎えた長期循環が一つであり、中世という安定期を経て近代資本主義というバブル拡大局面に移行した長期循環がその次の長期循環である。

そして、このそれぞれの長期循環の内部に、いくつかの中期バブル循環が含まれる。たとえば、本書の第1章で述べる１９９０年の冷戦の終了から始まるバブル循環は、中期バブル循環に当たる。近代資本主義という長期の循環の内部の一つの中期の循環である。その前の中期循環は、第二次大戦終了後始まった高度成長中期バブル循環であり、これはオイルショックにより終わった。１９７０年代、80年代は欧米は停滞期であり、１９９０年以降の中期バブルの準備期間だった。第二次大戦以前は、20世紀に入ってから中期循環のバブル拡大期が始まり、その余剰がぶつかり合ったのが第一次世界大戦であり、このバブルが崩壊したのが大恐慌であった。19世紀末には、帝国主義の時代で、不況を繰り返し、停滞期であったと捉えられる。

最後に、短期のバブル循環が存在するが、これが我々が普段バブルと呼んでいるものである。冷戦終了後、移行経済バブルがあり、それが崩壊し、ＩＴバブル（テックバブル）

があり、テロやエンロンで崩壊し、そこから世界金融バブルが世界的な金融緩和により生まれたのである。このときはＥＵバブルも同時に始まっていた。そして、リーマンショックで終わり、リーマンショックからの回復で量的緩和バブルが生まれた。短期のバブル、その崩壊、そこからの回復のための政策によるバブル生成、これが短期循環では繰り返されるのであり、「バブル・アフターバブル」と呼べるのである。これらは第1章で詳しく述べる。

経済成長とはバブルの拡大

このように考えると、近代以降の経済成長とは、バブルの拡大のことであった。バブルが拡大することこそが、経済規模の拡大であり、一人当たりＧＤＰの上昇であった。ＧＤＰの拡大による生活水準の上昇とは、ぜいたく品の消費拡大であり、都市における大量消費社会の拡大のことであった。それは、実質的な生活水準の上昇を含むこともあったが、本質的には無関係であった。20世紀の米国の経済成長、日本の高度成長は、家電の三種の神器（洗濯機、掃除機、冷蔵庫）による主婦の家事労働からの解放による「余暇」というものの誕生により実現した。利便性というものをカネで買い、余暇における娯楽消費を拡大させたことが高度成長を数字で裏付ける消費の拡大を生み出したのである。

現代において、どれだけ経済成長を実現しても貧困問題がなくならないのは、絶対的な実質生活水準が基本的には変わっていないことからきている。利便性、娯楽というぜいたく品の消費量が拡大しているだけなのであり、その水準が各個人により異なり、それを格差と呼んでいるのである。

セレブと呼ばれる富裕層がしていることは、大金を払って有機栽培の食材を入手し、朝食に有機栽培サラダを食べ、有機栽培高級レストランでディナーをとることだが、以前は自宅で採れた野菜と、山や海で入手した自然の動物や魚を食べていた自給自足の人々（現在も都市部以外ではそれが普通だが）よりも新鮮でないものを市場を介して入手し、大金を払い、GDPを増加させているのである。

そして、都市部の大量消費のための供給の下働きをさせられている人々が、都市部に住むため自給自足ができず、金銭でモノを入手することになり、金銭的所得が低いと貧困となってしまうのである。貧困とは都市問題であり、格差社会とは経済成長がバブルに過ぎないことの帰結である。

コロナショックとバブルの最終局面

今、起きていることは何か。

感染症に右往左往している社会である。高度に発達した技術を持ち、20世紀初頭に比べれば想像を絶するほどの経済成長を実現したはずの社会が、20世紀初頭の感染症対策と同じステイホーム、移動制限、マスク着用という手段しかとれず、しかも、それを実行することですら社会を挙げて大論争を行い、その間に60万人以上が死んでいる社会である。

我々の経済社会は、この数百年で、バブルとバブル的な消費以外の何を生み出してきたのだろうか。

そして、この危機に反省するどころか、感染症危機により娯楽の消費ができなくなったことで、社会はパニックになり、娯楽をどう回復するか、娯楽の消費をどう喚起するかで社会が揺れ動いている。

我々は、自給自足という基本の循環経済社会に戻り、衣食住そして医療、教育という基本的必需品に関して、絶対的な品質水準を社会全体で少しずつ上げていくような、現代において忘れられた本質的な経済成長を求めていくべきではないだろうか。

しかし、現実に我々の社会が向かっているのは、バブルの最終局面である。

バブルが崩壊したにもかかわらず、再度バブルをつくって、辻褄を合わせようとしている。また短期のバブル循環が始まっている。

これはいつものことだが、いつもとは違う。なぜなら、このバブルが崩壊すると後がないからだ。だからバブルの最終局面なのである。

なぜか。

バブルをもう一度つくるための資源が今度こそ完全に枯渇するからだ。これにより、１９９０年に始まった中期バブル循環が終わる。

リーマンショックで終わる可能性が高かったのだが、世界は量的緩和という手段を日銀から輸入して乗り切った。しかし、中期バブルは力尽きようとしているから、実体経済がなかなか元に戻らない。長期停滞論が叫ばれ、財政出動が求められた。そして、コロナショックで、近代資本主義、現在の長期バブル循環をつくった中心地の米国がパニックに陥り、量的緩和が限界を超えて再発動した。金融政策が限界まで行われている。

次のショックで、財政出動は限界を超えるだろう。

そのバブルが崩壊すれば、バブルの外部からの注入はない。注入する資源が枯渇する。

したがって、中期バブル循環が終わる。

これが、近代資本主義という長期バブル局面の終了となるかはわからない。
米国バブル経済、欧州バブル経済の外側に、中国経済が「外部」として存在していると
も考えられるからだ。
中国経済はすでに米国バブル経済と一体化していて、ともにバブルが終わるのか。それ
とも、外部として機能し、欧米バブル経済を飲み込み、中国を中心とした新しい中期バブ
ル循環局面をつくっていくのか。
それは中国次第であり、同時に中国を欧米が受け入れるか次第だ。中国に覇権を渡して、
長期バブル局面の崩壊を食いとめるか。それとも近代資本主義バブル崩壊を受け入れ、世
界長期停滞局面入りするのか。欧米次第だ。
どちらになるか、私には、まだわからない。

第1章

バブル・アフターバブルの30年

――史上最悪の株価暴落はなぜ起こったか

コロナ危機と株価の大暴落は無関係

２０２０年２月24日、米国株式市場は、理由もなく突然暴落した。それはまるで、１９８７年のブラックマンデーの再来かと思われた。

理由がない？　バカな。明らかな理由があるじゃないか。コロナウイルス危機じゃないか。コロナショック暴落だろう？　すべての人がそう言うに違いない。

確かにコロナ危機は起きている。しかし、株価の暴落とは無関係だ。丁寧に言えば、暴落の最後の引き金、きっかけはコロナショックだったが、それは原因ではない。

コロナと株式相場が無関係なのは、２０２０年３月20日以降の相場を見ればわかる。米政府と議会が２兆ドルの経済対策で合意の目途が立つか立たないか微妙な瞬間から、一気に株価が反発し、暴騰し、流れが変わった。その後、株価は乱高下はするものの、上昇基調を続けた。ニューヨークで爆発的に感染者が増え、イタリアも中国も抜いて世界最多の感染判明者を出したときも、そのニュースと株価はまったく連動しなかったし、死者が急激に増え出しても、それは同じだった。したがって、コロナショックは暴落のきっかけではあったかもしれないが、暴落の原因ではなく、株価を動かした要因でもない。

暴落の本当の原因は何だったのか。

それは株式市場がバブルであったことである。バブルだから、弾ければ暴落する。それだけだ。上がったら下がる、上がるときもあれば下がるときもある、などとよく言われるが、それらの表現は間違いで、株価は「上がるから下がる」のである。上がってしまったからその後下がってしまうのである。上がったら下がるしかない。それが嫌ならバブルをさらに膨らませるしかないが、バブルが永遠でなければ、それは暴落が大暴落になるだけのことだ。

ただ、その上げから下げに転換するタイミングはわからない。株を買っている人々が、もう終わりだ、と思ったときが終わりなのだ。つまり、もう終わりだから買いから売りに転じないといけないと思い、実際に売り始めたときに崩壊する。したがって、彼らがもう終わりだ、という共通認識になるきっかけが必要なのである。きっかけは内部要因よりは、はっきりした外部要因の方がわかりやすくてよく、今回はそれがコロナショックだった。しかし、本質的にはきっかけは何でも結果は同じだったのであり、どこかのタイミングでバブル崩壊が起きたのである。

リーマンショック後になぜまたバブル？

では、そもそもなぜバブルになっていたのか。

直接的な理由は金融緩和、それも世界的なかつ異常な規模の金融緩和である。世界にマネーが溢れ、それが株式市場になだれ込んできたためにバブルになっていたのである。

大規模緩和と言えば日本銀行だが、日本の場合は、２０００年のゼロ金利開始、２００１年の量的緩和の「発明」からずっと続いているので、日本関係者には当然のようになってしまっているが、この日本銀行が発明した量的緩和は、日本銀行自身の中で進化を遂げただけでなく、世界に感染していった。

米国は２００８年の世界金融危機への緊急対応として量的緩和を開始した。米国中央銀行ＦＥＤ（米国連邦準備制度理事会）自身の言葉ではバランスシートポリシーと呼んでいる。これは、中央銀行自身のバランスシートを使って、これをリスクにさらしながら（リスクのある資産を買うというのは、中央銀行にとっては前代未聞。日本以外においてはどこにも存在しなかったのである）、金融緩和を行ったのである。米国債と住宅ローン担保証券を大量に中央銀行が買い込むことになったのである。

欧州中央銀行も、金融危機に対応するために多額の各国国債を買い込むこととなった。

これは金融危機により各国の銀行が破綻し、それに対する資本注入を各国の政府が国債を使って行ったが、その国債が各国の財政逼迫により暴落し、銀行の破綻、国債の暴落、それによるさらなる銀行破綻という、金融危機と財政危機のスパイラルが起きたからであった。ＥＵ崩壊の危機に直面し、欧州中央銀行はＩＭＦやＥＢＲＤ（欧州復興開発銀行）と連携し、大規模の量的緩和を行い、リスクのある国々の国債を中央銀行が抱え込んだ。

これらを通じて、世界中にカネが溢れた。過剰流動性と呼ばれる状況になった。サブプライムローンの乱発により始まったサブプライムバブル崩壊処理を先送りするために、結果的に新たなバブルをつくることになったのである。

サブプライムバブルの背景には、金余りで運用難に陥っていた機関投資家が利回りの高いもの、つまりリスクのあるものに殺到した結果、リスクがある資産が安全資産並みの価格になってしまったリスクテイクバブル（筆者の命名：『すべての経済はバブルに通じる』参照）が生まれていた。これが崩壊したのが、日本で言うところのリーマンショックである。このリーマンショックというバブル崩壊を地道に処理せずに、力任せの中央銀行のリスク資産買い入れによってその場しのぎをしたことによって起きたのが、量的緩和バブルであり、直接的には世界中の国債がバブルになった。これがソブリンバブルである。

しかし、このソブリンバブルもすぐに行き詰まり、２年後にはギリシャが財政破綻を起こした。バブルになったのは、財政にリスクのある国の国債もドイツなどの財政が健全で強い国の国債も、リスクが実質的にはないものとして投資家たちは買いまくったため、利回りの格差が急激に縮小したからである。そうなるとギリシャなどのもともと経済の厳しい国では、国債の引き受け手が増え、つらい財政健全化を金融危機後に国民に強いることを避けることができた。しかし、その一方で、経済は十分に回復せず、すぐに財政と経済がともに行き詰まってしまったのである。

ギリシアの次はスペインかイタリアか、と言われた。これが欧州危機であり、ＥＵの存在意義が問われる危機となった。結局、ＩＭＦ、ＥＢＲＤ、ＥＣＢ（欧州中央銀行）の協力で、弱い国の財政、銀行を支援して、ＥＵを守った。弱い国の国債を買い入れ、その国の政府と銀行を支えた。要は、量的緩和を拡大し、再びバブル破綻の危機をその場しのぎで逃げ切ったのである。ただ、これが契機となって、ＥＵから離脱する国が出るという懸念が高まり、結局英国のＥＵ離脱となった。

一方、米国は実体経済を回復させるために、住宅ローン債券を買い支え金融市場の機能を回復し、これを通じて金融機関を救済するという2つの目的で大規模に量的緩和を行ったが、結果は、不動産市場と株式市場のバブル再来という帰結となった。欧州も一旦危機になったが、結局実質的な処理を先送りし、ＥＣＢがリスクを抱え込む形で、一時しのぎのまま先に進み、欧州の不動産、株式もバブルになった。

この結果、米国株式市場は２００９年から10年以上の株価上昇が続くこととなり、長期にわたる株式バブルとなっていたのである。不動産市場もサブプライムでバブルになり、それが崩壊したことに懲りるどころか、かえってさらに大きな不動産バブルを作り上げた。バブル再来となった理由は単純で、金利が異常に低かったからである。

２００７年夏のパリバショックで危機は始まり、２００８年９月のリーマンショックで金融市場破綻が決定的となった世界金融危機に対して、欧州や米国だけでなく世界中の中央銀行が最大限の金融緩和を行ったため、世界的に金利が歴史的な最低水準まで低下した。量的緩和が世界中で行われ、まさにマネーがジャブジャブに余ったのである。これらの行き先はリスク資産市場しかなかった。２００９年後半から株式が暴騰し、２０１０年から不動産も急回復した理由は、過剰流動性にあった。リーマンショック後、不動産、株式がバブルになったのは必然だったのである。

あらゆる市場でバブルが発生

しかし、これはまさにデジャブ、既視感のあるものだった。既視感とは、リーマンショック前の不動産バブル、そしてすべてのリスク資産がバブルになったリスクテイクバブルとまったく同じ状況、経緯であったのだ。

リーマンショック前に不動産バブルになったのは、世界で資金が余り、投資先を求めて資本がさまよっていたからであった。原油をはじめ、資源、穀物という商品をバブルにし、２０１１年３月まではウランもバブルにしていた。ゴールドマンサックスが原油が１バレル２００ドルになると言っていたのはリーマンショック直前の２００８年５月。資源や食料品が投機対象としてバブルとなったのは、中国の需要がすべてを変えるという都市伝説を信じた（ふりをした）人々がいたこともあるが、それはバブルをあおる売り文句に過ぎず、要は、株も不動産も高くなったから、ほかにリスクが取れて値上がりの可能性があるものを見つけて、それに皆が群がっていただけのことである。

リスクを取ることが流行し、それによりリスク資産が値上がりし、リスクがあるはずのものに投資するとリスクなしでキャピタルゲインが取れる。これを求めて資金がリスク資産に殺到したのであり、リスクを取ることが流行したこの現象を私は「リスクテイクバブル」と呼んだ。

そもそもリーマンショック（世界金融危機）において象徴的な存在であったサブプライムローン証券化商品がバブルとなった理由は、世界中の機関投資家が、低利回りになってしまった国債の代わりとなる、安定的で一定の利回りがある債券を求めていたことだった。そのニーズを満たすために、質の悪い住宅ローン債権を証券化した金融商品を作り上げ、無理矢理トリプルAのもっとも安全な債券として売り出した。これに買いが集まったことによってバブルが生まれた。この債券自体も価格が上昇しバブルとなったが、この債券の需要が広がったことで、債券を組成するための元の住宅ローン債権のニーズも高まり、本来は借りる能力のない借り手に対するローンが爆発的に広がった。その結果、住宅を中心として不動産価格も世界的にバブルとなった。

これがサブプライムバブルであったが、サブプライムローン債権の証券化商品だけでなく、すべての利回りの付く金融商品がバブルになっていた。利回りを求めて世界中の資金がさまよっていたからである。つまり、世界中のすべての金融市場がバブルになっていたのである。

なぜ資金が余っていたか？　当時の米国連邦準備制度理事会議長のグリーンスパンが、利下げを積極的に行っていたからであった。

なぜ金融緩和の必要があったか？　それは、２００１年9月11日、米国を襲ったテロにより、世界が不況に陥ったからであった。さらに、米国では、ほぼ同時にエンロンショックが起きていたからだった。エンロンは、電力供給という古臭い産業において、ＩＴ技術とオークションというマーケットメカニズムを駆使して新しい電力供給を行っている企業だった。そして新しいスタイルで金融技術を駆使して急激に利益を拡大していた。

ところが、それらはすべてまやかしで、不正会計操作による見せかけの利益だった。すべては虚像であることが白日の下にさらされた。エンロンの会計監査を行っていた４大監査法人の一角であったアーサーアンダーセンもこの不正にかかわっており、アーサーアンダーセンも破綻した。

これまで世界でもっとも信頼できると思われていた米国のコーポレートガバナンスシステムが虚像であり、不正会計が広がっていたことが衝撃を与えたのであった。米国資本主義の危機であった。

これに対し、米国中央銀行ＦＥＤは大量の資金供給を行った。その結果、低金利が長期にわたって続いたのである。今では低金利に慣れてしまったが、当時は米国の歴史上、最低水準の長期金利が継続した。しかし、テロと戦うという名の下に経済のために超低金利は継続されたのである。

冷戦終了と30年バブル

これが、繰り返されるバブルの始まりだったか？

違う。これよりも先にバブルが生まれていたのである。

２００１年に超低金利をつくったグリーンスパンは、１９９６年に米国議会に呼ばれたときの証言で、株価について「根拠なき熱狂」と言ったのだった。この言葉は有名になって、ノーベル賞を受賞した行動ファイナンス学者ロバート・シラーの著名な本のタイトルにもなっている。

この異常な株価が、いわゆるテックバブル（日本ではＩＴバブルと呼ばれている）を生み出し、２０００年前後のテクノロジー株に関するバブルは、テクノロジーベンチャー企業たちの株価を狂気としか思えないような水準に膨張させていた。これは別名、ドットコムバブルと呼ばれ、企業名の末尾にドットコムをつける社名変更をしただけで、中身はインターネットと関係がなく、事業内容はまったく変化していないのに、株価が2倍、３倍になったバブルを揶揄してつけられたものだった。

この90年代のテックバブルにつながるバブルはどこから来たのだろうか？　テクノロジー、インターネットという革新的な技術の進展により株価が上昇したのだからバブルではなく、技術に対する過度の楽観だと言われそうであるが、それも違う。

実はひとつの大きな流れがあった。

それは冷戦の終了である。東側諸国の自滅に過ぎなかったが、資本主義が勝ったという気分が盛り上がり、ブームが起きた。実際にも平和の配当があった。軍事費は縮小へ向かい、民間需要が出てきた。米国はイラク戦争があったが、冷戦とは比べものにならなかった。何より東側がグローバル市場経済になだれ込んできた。旧共産圏諸国の人々の消費需要が高まり、西側のものが売れた。欧米投資銀行は移行経済と呼ばれる社会主義から資本市場主義への移行過程にあった国々を食い物にし、ＩＰＯやＭ＆Ａのビジネスで大きな利益を上げ、東側への投資ブームで沸いた。例外は西ドイツで、東ドイツとの統合のコストに苦しんだが、それを上回る利益を生み出すＥＵ誕生への道筋がつけられた。欧州全体で１９９９年のＥＵ統合へ向けて、大ブームが起きたのである。

つまり、長期の壮大なバブルのうねりは、冷戦の終了とともに明確に始まったのであった。冷戦で止まっていた世界の経済が流れ出したのである。西と東が交流し、市場は倍になったのである。しかも、それは格差のある２つの市場であった。旧共産圏とは、市場経済は未経験だが、教育を受けた人々がおり、市場経済にはそぐわないが、潜在的な基礎技術のある社会であった。それが新しく市場に加わったのである。これ以上望ましいビジネスチャンス、投資チャンスはない。

この流れの中で、ＥＵが誕生することになった。これは、冷戦の終了により、ある意味での国境が動いたことを受けての動きであるから、冷戦終了からの一連の動きであった。当時は、経済のブロック化を危惧する声も一部にあったが、それはまったくの杞憂であった。ＥＵ統合をにらんで、米国から欧州への投資が殺到した。欧州の銀行も米国の投資銀行のビジネスモデルを真似し、これは金融以外の企業にも広がり、欧州経営者の年俸は米国並みとなり、株価至上主義があっという間に広まった。

世界はこうして、ロシアを含む旧ソ連邦、東欧そして西欧までもがユーラシア大陸一体となって、米国が確立してきた金融市場資本主義圏に完全に取り込まれることになった。

このとき忘れてはならない、ユーラシアの大国２つ、中国とインドがある。

中国は、政治体制は独裁制の下での社会主義を維持しながら、経済の自由化を一足先に開始していた。その中で天安門事件が起きるわけではあるが、それでも経済自由化は止まらなかった。中国市場経済は１９９０年代にテイクオフし、21世紀には世界最重要の経済圏になった。この過程では、中間所得層の拡大が強い持続的な経済成長をもたらしたが、これは日本の高度成長と経済構造的に類似の過程であった。この高度成長プロセスが冷戦終了と壮大な相乗効果を持って、世界経済の拡大を促進した。

インドも社会主義から自由主義へ、市場経済主義へシフトしていった。中国には及ばないものの、人口規模が大きいため、世界市場の膨張には大きな影響力を持った。そして、中国、インドにとどまらず、世界の人口は低所得国で増加を続け、これらの経済圏が世界市場経済圏に加わることとなった。当初は人口数が大きいだけ、規模の拡大だけと思われたが、中国に続き、多くの国で一定数の人々が所得を増やして中間所得層に加わってきた。これは、世界市場が一体化したことにより、低賃金の経済圏が輸出機会を得たからであった。これは同時に、資本が余っている国へ投資機会をもたらした。

こうして冷戦終了により、世界は金融市場、経済市場ともに一体化が進み、それによる投資、所得機会を得て、急速に拡大していったのである。

市場資本主義とは流動化による収奪

経済の拡大から金融バブルになるのが、大きな波のバブルの特徴だ。金融市場だけでは大きなうねりにはならない。金融市場の拡大を持続的に支える実体経済の需要の拡大が必要だ。ただし、これは必ずしも経済が真の意味で良くなっていることを意味しない。市場経済でなかった社会が市場経済に取り込まれることによって、市場経済の観点から見た経済規模が大きくなっているだけのことだ。市場経済でない社会経済のほうが望ましい部分もあるし、日本や米国ですら、市場化されておらず、普通のＧＤＰには含まれない経済活動は存在する。市場経済の規模拡大には、いままで市場化されていなかった部分が市場経済に取り込まれるという要因が必ず存在する。

市場規模が大きくなると、大きくなることそれ自体によって、さらなる拡大が生まれる。これは分業が進展することによって、より高度な生産方法が可能になること、資本蓄積により、投資が可能になり、生産手段を生産することができるようになること（つまり機械をつくるカネと時間の余裕が生まれること）から生じる。規模の拡大がさらなる規模の拡大を呼ぶ。

このとき重要なのは、新たな市場が既存の市場と差異を持っていることだ。違いがないと、新しい需要が生まれにくいし、統合したときに新しいものや技術が生まれにくい。違いによる新しい需要は、技術革新、あるいはイノベーションといったことがなくても起きる、交換の利益である。統合により生まれる新しい技術は、異なる組み合わせによって新しいものが生まれる、シュンペーターのいう新結合である。

しかし、もっと単純な差がもっとも経済の拡大に効果的である。それは所得水準の差、所得格差である。

貧しい国が豊かな国の市場に加われば、貧しい国は安い労働力を提供でき、豊かな国はそれでつくられた商品を買う力があるから、生産に見合う需要が生まれ、経済は拡大する。このとき、資本を提供するのは豊かな国であるから、こちらの国は資本投資で儲かる。ますます富を増やし、資本がさらに蓄積する。

このとき、豊かな国は先進国と呼ばれ、貧しい国は後進国と呼ばれるが、後進とは、文明や文化が遅れているのではもちろんなく、経済が遅れていることですらない。単に「市場経済」に後から組み込まれたということにすぎない。必然的に後から市場化が進むために、市場経済という基準から見て後進国と名づけられたのである。しかし、不名誉な名前よりももっと悪いことに、世界市場全体で増えた富の大部分を先進国側が得ることになり、後進国側は配分で不利になる。

不利になる理由は2つある。第1に需要する側が何を生産させるかを決めるわけだから、イニシアティブは先進国側にある。需要と供給でやはり需要が先にあるから、需要側に有利な交易が行われる。しかし、第2に、より重要なのは、市場化しているほうが動きが早く大きいことである。

市場化とは何か。市場資本主義とは何か。それは、資本および労働の動員力が早く大きいということである。儲かるところにすばやく資本が移動し、その資本が労働を調達する仕組みである。

市場化とは「流動化」である。流動していることこそが市場ということである。したがって、資本、労働およびそのほかのリソースを動員する早さ、力、規模が先進国の市場経済の側に圧倒的にある。これにより有利な場所（ポジション）にいち早く移動し、市場の中のリソースをすばやく動員できるので、意思決定を支配する側に立ち、受け身とならざるを得ない後進国から、とことん利益を奪うのである。

交換であるから、後進国も望まなければ参加する必要はない。しかし、ハンバーガーや炭酸飲料のように中毒性があるというか、目新しく刺激の強い目先魅力的な製品に後進国の消費者が飛びついてしまう。しかし、それ以上に、市場経済はすでにシステムとして出来上がっており、そこに後から参加することになるので、選択肢が狭く、受け身になってしまうということが一番大きい。

まとめると、冷戦の終了により、実体経済において世界経済の拡大が進行し、それにより大きなバブルの底流が生じたのである。これが１９９０年にスタートした。１９９０年代は、日本を見ると、バブル崩壊の時代になるが、世界的には逆であって、バブルが生まれた10年であった。

バブルに次ぐバブル

旧ソ連、東欧の移行経済バブルが90年代前半に起こり、90年代半ばは東アジアの奇跡からバブルとなった。90年代後半は米国がバブルになり、インターネット革命と相まって、テックバブルとなった。

しかし、これらのバブルはすべて崩壊する。

小さなそれぞれのバブルが散発的に生まれ、弾けていった。旧社会主義国経済のバブルは乱高下となり、社会を混乱に陥れた。ロシアは崩壊の危機となった。それがロシア危機、ブラジル危機として実現していく。アジア金融危機は東アジアを危機に追い込み、韓国は良くも悪くも大きく社会が変わった。そして、米国のテックバブルは膨らみ過ぎたことにより崩壊した。

しかし、決定的なより大きなバブル崩壊は、２００１年のセプテンバーイレブン、米国を襲ったテロによってもたらされた。そして同時期に起きたエンロンショックが止めを刺した。これが10年間のバブルを一旦崩壊させた。

そもそもテックバブルに覆い隠されていたが、テックバブルが起こる前から「根拠なき熱狂」は株式市場全体を覆いつくしていたのであり、テクノロジーセクター以外もブームが起きていた。これがより大きな世界的な冷戦終了によるバブルのうねりだった。そして、そのうねりがテロとエンロンにより一旦崩されたのであった。

一旦？　そう。それは一時的なものだった。

米国ＦＥＤが、当時としては前代未聞の金融緩和を行い、世界にドル資金を溢れさせた。米国内での投資機会が十分に回復しないまま、資金が溢れたので、世界中に資金は流れた。国内に投資機会があるはずがなかった。テロで需要は国内的にも世界的にも縮小し、テックバブル崩壊の後で、新興企業への投資が盛んになる状況ではなかった。大企業に対してもエンロンショックで不信感極まりなく、株式市場も大企業も溢れた資金が流れ込む場所ではなかった。

これが後進国へ流れた。１９９０年代からのブームにより、これらの国々はもはや後進国と呼ばれることはなく、魅力的な投資先として「新興国」という呼ばれ方が定着していた。もうひとつの流入先はテックバブルの対極にあるオールドセクターであった。資源、商品作物、そして不動産とりわけ住宅であった。それが資源バブルとなり、新興国バブルとなり、サブプライムバブルとなったのである。ゴールドマン・サックスがＢＲＩＣｓと命名して、新興国のうちの大国に投資を推奨したのもこの時期だ。

投資対象の特徴は、株式でなく、新しい金融商品であること。原油はもともと金融商品化が進んでいたが、そのほか多くの鉱物性天然資源が金融商品化し、原油の金融商品化もさらに加速した。穀物も同じだ。

投資対象の特徴のもうひとつが利回りを求めたことである。安全資産で少しでも高い利回りを得られるものに資金が殺到した。これはこれまで国債に投資していた資金が、低金利では満足せず、より高い、以前と同じ水準の利回りを求めたからであった。多くの機関投資家は高格付の商品にしか投資できないため、トリプルAの様々な新しい金融商品がつくり出されたのであり、その典型例がサブプライムローン証券化商品だったのである。

前に述べたように、この後、２００７年8月のパリバショック、２００８年9月のリーマンショックとなり、世界的なバブルは崩壊し、世界金融危機となった。しかし、それから抜け出るために、２００１年には前代未聞と呼ばれた積極的な金融緩和を遥かに超えた世界的な金融緩和が２００７年に始まり、２００８年9月以降は、すべての理屈を超えて、世界は中央銀行からのマネーで溢れた。ここに、新興の中国の大規模財政出動も加わり、21世紀最大のバブル崩壊は、すぐさま別のバブルをつくり、生き延びていったのである。それがソブリンバブルであり、長期にわたる株式バブルだったことは先に述べたとおりである。

コロナショックバブル

リーマンショックによるバブル崩壊の痛み、処理から逃げ続けるための、世界的な大規模金融緩和。金融緩和によって生じた世界金融バブルの崩壊に対して、さらなる金融緩和で、バブルの最終的な完全崩壊を先送りしたというのが、２００９年以降の10年間に世界で起きていたことである。

しかし、これは実体経済の量的質的拡大を伴っていなかった。日本の高度成長、広く言えば、第二次大戦後オイルショックまでの世界の高成長、あるいは１９９０年以降の中国の成長。これらの経済成長にみられたような実体経済の量と質の両方を備えた拡大を伴っていなかった。金融バブルによる資産市場主導による経済の拡大であったから、資産市場が崩れれば、経済も必ず崩壊するはずのものであった。

崩壊必然の金融バブルが崩壊寸前のところから復活できたのはなぜか？

崩壊の先送りをすべてのプレーヤーが望み、そして、それを実行する資源が残っていたからである。

投資家たちはもちろんバブルの崩壊の痛みをすべて受け止めたくはない。政府が金融システムを救済することを通じて経済、社会を守るという枠組みに便乗して、資産市場の延命を図ることが唯一の生き残りシナリオだった。

政府は、目先の救済と次のバブルをつくってしまうリスクを高めるというトレードオフに直面したが、国民に選ばれている政治家たちが、目先の救済を優先しないわけにはいかない。バブル投資家のみをつぶして、バブルと無関係の国民だけを救済することができれば、それに越したことはないのだが、経済は一体化しておりそれは不可能だ。したがって、リーマンを一度つぶしたものの、その後、政府はすべての救済を行い、政府と中央銀行は力を合わせて、できることはすべて行い、目先の救済を図った。それには金融バブルをもう一度つくるしか、短期に確実に回復する方法はなかった。そして、バブル崩壊危機の後は常にそうなのである。

このパターンは、何も今に始まったことではなく、少なくとも18世紀にはすでに繰り返し起きている。南海バブルやミシシッピバブルなど歴史上のバブル崩壊とその救済の事例には事欠かない。

今回、２０２０年、リーマンショックからの回復のためにつくられたバブルはいつ崩壊してもおかしくなかった。そのきっかけをただ待っていただけであった。

そして、もっとも予期せぬ形で、それが起きた。コロナショックという形でバブル崩壊が起きた。コロナはきっかけに過ぎず、バブル崩壊のタイミングを決める以外に、バブルの歴史においては何の意味も持つことはない。したがって、このバブル崩壊はコロナショックではなく、２０２０年世界異常金融緩和バブルの崩壊、と呼ぶべきである。

ただし、コロナはバブル崩壊にとっては、意味を持たないが、回復過程の姿には決定的に影響する。

コロナショックにより、リスク資産市場で起きたことは、バブル崩壊で、それは救済する必要のないものであった。株価は高すぎたのだから、下がるのであれば、それを修正する必要はなかった。もちろん、バブルで過度に高くなっていたのだから、それが崩壊すれば、オーバーシュートして、過度に安くなる。しかし、それは流動性のある資産市場ではつきものの現象で、日常的なことであり、政策介入する必要はなかった。

しかし、コロナによる被害の救済は必要だった。人々はパニックに陥ったから、理屈抜きに全力でできることはすべて行うことを社会が政府に要求した。この結果、金融政策も財政政策も、最大限の救済をすることになってしまった。株式バブル崩壊の救済も一緒にせざるを得なかったのは、株価の暴落が、高すぎたバブルの部分が剥げ落ちただけなのか、コロナショックで将来に対して極めて悲観的になったために生じたのか、客観的には区別がつかないからだ。もちろん、説明責任を果たさなくてよければ、実質的な判断はできる。投資家たちはもちろん知っている。割高なバブルが崩壊したのだと。なぜなら、バブルが崩壊するのは、投資家たちが売りに殺到した時だけであり、彼らが売った理由はバブルが崩壊し始めたからだ。つまり、バブル崩壊は投資家行動の自己実現であるが、ということは、投資家はバブル崩壊の瞬間を必ず知っているのである。彼らが売った理由は、バブルが膨らみすぎており、いつ弾けるか、ビクビクしていたからだ。そのとき、コロナという号砲が鳴ったからだ。リーマンを救済しないという決定が、２００８年の世界金融バブル崩壊の合図だったのと同じだ。

しかし、それがバブル崩壊にすぎず、バブルに群がっていた投資家や富裕層を救済する理由がないと政府や中央銀行もわかってはいるが、救済せざるを得ない。なぜなら、リスク資産市場が崩壊し、銀行システムに破綻リスクが波及すれば、それは経済、社会全体の崩壊につながるからだ。善悪抜きに、資産バブル崩壊は救済しないといけない。それがバブル崩壊時の「常識」である。

それゆえ、世界中の中央銀行は今回のバブル崩壊に対しても流動性をとことん供給した。とりわけ、新型コロナによる死者が世界一集中した都市のうちのひとつが世界の金融の中心であるニューヨークであったため、金融界はパニックとなった。これに対し、米国中央銀行ＦＥＤは前代未聞の大規模な金融緩和を行い、リスクのある社債を大量に買い入れることとした。これだけでも前代未聞なのに、さらに、ＦＥＤ自らがリスクをとって融資を保証するスキームまで導入した。ＦＥＤのバランスシートは、リーマンショック後の量的緩和で急拡大した後、出口戦略で縮小し始めていたのだが、一気に反転、急増した。拡大ペースは、日銀の異次元緩和を大きく上回り、まさに前代未聞、規模も世界最大、史上最大となった。

欧州も新型コロナの感染による死者が集中した地域であり、ＥＣＢもイングランド銀行も最大限の緩和を行った。日本は米国、欧州に比べれば無傷に近い新型コロナ感染症による死者数であったが、それでも政府や都道府県知事がメディアやＳＮＳに押されて、大規模な休業要請をしてしまったために、経済活動が急激に縮小した。これに対応して、日銀も緩和を拡大する姿勢を示さなければならず、すでに国債買入は限界を超えていたため、上場株式ＥＴＦの購入額を倍増させ、株式バブルを直接つくった。

バブル崩壊からの金融システム破綻を防ぐために、世界の中央銀行は、大規模金融緩和で、まさに再度バブルをつくったのである。これにより世界の株価は大きく上昇し、コロナショック前の水準をあっさり回復し、米国ダウやナスダックは、史上最高値を更新した。

実体経済バブルから財政破綻

コロナショックに対応するバブル生成政策は、金融政策にとどまらない。コロナショックの社会経済に与える影響が国民生活に直接及ぶことから、財政出動を余儀なくされたからである。しかも、金融以上に財政出動は、前代未聞、人類史上最大の財政出動であった。しかも、それが欧米を中心とした世界の主要成熟国で行われたため、国民一人あたりの生活補助のための支出が大きくなり、総額が膨れあがった。この結果、大規模な金融緩和によりマネーがリスク資産市場にあふれただけでなく、財政政策のばら撒きによる需要（そして現金）が、実体経済にあふれることになった。資産市場がバブルになると同時に、実体経済もバブルになった。

資産市場とは別に、実体経済が独立してバブルになり、しかも、この2つが同時に起きた。これがコロナショックバブルの最大の特徴である。金融市場がバブルになって、これが実体経済に波及する。これが一般的な短期のバブルであり、これまでの21世紀のバブルはすべてこれだった。

バブル崩壊を救済することにより生じるバブル（バブル・アフターバブル）は、ほとんどの場合、金融市場だけで起こる。短期バブルとバブル崩壊は金融市場で起こるからである。そして、それが後から実体経済に波及していく。

しかし、コロナショック救済バブルは、実体経済でも同時に独立に起きた。なぜなら、財政出動の規模が前代未聞、人類史上最大であったからである。

これは、新型コロナ感染拡大防止策として、個人の外出を禁止し、多くの事業者に休業を強制したことにより、需要が突然、一時的に蒸発したからである。需要の急減の程度で言えば、確かに前代未聞で、これに悲鳴を上げる企業や個人事業者を救済するためには、財政出動で現金をばら撒く必要があった。

なぜ、それでバブルになるのか？

それは、需要の急減のスピードは前代未聞だが、需要ショックは一時的で、過去の様々な不況に比べて、トータルでの需要減少量は少ないからである。

コロナショックは、コロナが収まれば収まる。自然に需要が出てくる。消費や投資を抑制していた反動で、むしろ一時的には急増する。一方、財政出動は人類史上最大にしている。つまり、実体経済においても、カネがあふれることになるのである。

そもそも、需要消失の理由は所得が減少したことではなかった。感染拡大防止という点から経済活動が制限されたからであった。所得が減少したわけでもないのに、カネをばら撒いた。その結果、カネは余るに決まっている。

特に日本ではそうだ。

日本では、休業などで失職した人、所得を失った人だけでなく、国民全員に10万円をばら撒いた。さらに、売り上げが減った企業、個人事業主にも、審査もろくにせずにカネをばら撒いた。本当に困っているところにも、もともと休眠に近い、あるいは活動が活発でなかった事業者にもばら撒いた。さらに、休業が自粛要請に過ぎなかったために、自粛を強制するために（日本語でしか表現できない日本社会特有の概念だ）、休業協力金もばら撒いた。

この結果、カネは溢れた。所得が減っていないエリートサラリーマンにも、年金が減らされていない高齢者にも現金は配られた。

彼らの消費は減少していた。しかし、それは所得が減少したからではなく、経済活動が制限されたからだ。自粛要請または、高齢者はコロナの恐怖感から活動が止まった。そういう人々にカネをばら撒いた。経済効果があるはずがない。消費が出てくるはずがない。

消費が物理的にできなくて困っているのであって、カネがなくて消費しないのではない。制約があり、不安だから消費しないのだ。そこへ、カネをばら撒く。消費するはずがない。したくてもしない。不安は消えていない。不安なときはとりあえず貯金をする。だから、ばら撒いてもばら撒いても需要創出効果はない。だから、さらに景気対策を、という話になる。しかし、それはさらに無駄なばら撒きを続けるだけとなる。

　余ったカネはどこに行くか。銀行か資産市場である。端的には株である。個人の株式投資が増えた。これは日本だけでなく、米国でもかなり有名になった現象だ。そして、ジャンクな株式に、宝くじ的に投資する、経験不足のにわか個人投資家が急増する。米国で一番有名な例は、２０２０年5月に米連邦破産法11条（いわゆるチャプターイレブン）を申請したレンタカー大手ハーツである。ハーツは破綻したまま、個人投資家の投機意欲が旺盛なことを利用して増資を企てた。そしてこともあろうに実現しそうになった。あわててＳＥＣ（米証券取引委員会）がストップをかけ、さすがに中止となった。紙くずになる確率が99％以上あるものに、投資が殺到する。合理的にはありえない、投機バブルの現象である。日本でもネット証券の口座開設が急増した。

　しかし、資産市場はともかく、実体経済がバブルになっているようには見えない、というのが多くの人の印象だろう。株価は確かに上がっているが、実体経済とのギャップが大きすぎると言われている。となると、株式市場は確かにバブルだが、実体経済はバブルどころか不況じゃないのか？　というのが普通の意見だろう。

　それはそうなのだが、だからこそバブルなのである。

　生産活動は普通に行われている。減っているのは個人消費だ。それも不安、恐怖感がきっかけではあったが、改めて考えてみると、今まで無駄な消費をしていた。それが消えた。不要不急のものを避けてみると、不急なものの多くは不要だった。これらは、今後も減少したままになる。したがって、消費活動は減少するだろう。

また、コロナショック前のバブルにおいて、バブル的な消費があった。これらはもちろん消えたままである。ＧＤＰは実力以上にバブルで膨張していたのであり、その分がしぼんだだけだが、数字としてはマイナス成長という言葉で説明されることになる部分である。

これらの２つの影響で、コロナショック後はショックから回復しても、消費を中心に需要水準は以前よりも低くなるだろう。

持続可能なＧＤＰや消費の水準が低くなったことを無視して、成長軌道に戻すことが必要と主張し、不可能な高い水準のＧＤＰ、消費水準を目指して財政出動を行う。さらに悪いことに、カネをばら撒くことによる消費増加効果は著しく落ちているから、いくら財政出動してもうまくいかない。よって、さらにばら撒きは増加し、その結果、需要拡大効率の悪いばら撒きを異常に膨らませることになる。

国民はもちろん、カネがばら撒かれることに反対しない。自分がその対象になっている限りは。だから、政治は全国民にばら撒く。しかし、国民は不安だから、不安なときは貯金する。もう少し思考する人は、このばら撒きで将来財政が危うくなることが不安になり、一生懸命貯金する。この結果、ばら撒けばばら撒くほど、貯蓄性向は上がる。となると期待した消費刺激効果が得られないから、政治家たちは、さらにばら撒いて消費刺激をしようとする。

悪循環である。

この結果はどうなるか。

もちろん、財政破綻である。

それはすぐそこまで来ている。

意外なことに、官僚だけではなく、官邸、知事たちも、これにちゃんと気づいたようだ。その結果、6月末から7月に東京を中心に確認感染者数が急増しても、緊急事態宣言どころか、正確な意味が誰にもわからない「東京アラート」というものですら発出しようとしない。それらを出すと、休業協力金などを出さないといけなくなるから（圧力があるので）、しないのである。カネはもうないし、出せば破綻する。政治家たちもここに来てようやく気づいたのである。

政治家たちが気づくということは、何を意味するか。

そう。バブルの最終的な破綻が実現する可能性が出てきたのである。

バブルは、バブルを盛り上げた人々が崩壊の不安におびえ、実際にその対策をとることで、つまり、売り逃げようとすることで、崩壊が実現する。
それがいまや近づいたのである。
財政破綻という形で。

第2章

コロナショックは史上最大級の危機か

——「社会が一変する」はあり得ない

アフターコロナは存在しない

２０２０年は、新型コロナウイルスショックが世の中を席巻し、令和元年の次はコロナ元年だったと言ったのは私の妻だが、このショックで市場、経済、社会はいったいどうなってしまうのか。コロナウイルスの流行が収まった後、どのような変化が我々に起こるのであろうか？

世界の知性と言われる様々な人々が、ビフォーコロナ、アフターコロナ、ＢＣ、ＡＣという言葉を使って、いろんなことを言っている。世界は自由主義を維持できるか、管理社会に成り下がるか、この瀬戸際に立たされている、というのがひとつの典型的な反応だ。

中国、韓国など多くのアジア諸国は、政府が強権を発動して、人々の行動に制限を課したのみならず、スマートフォンのアプリケーションなどを駆使して、プライバシーをほとんど無視してと言っていいくらい個人の行動を把握し、それを新型コロナ感染防止のデータとして最大限活用し、そして感染拡大防止に成功した。

一方、欧米社会はプライバシーに配慮し、プライバシーはアジア諸国よりも守られたかもしれないが、40万人以上の命が失われた。したがって、人々と社会は、アフターコロナにおいては、プライバシーの守られた自由社会か、政府の管理社会を容認した管理社会のどちらを選ぶか大きな選択を迫られるというのだ。

くだらない。

世界の知性と呼ばれる人々は、自分の議論したいことに現実の現象を引き寄せているだけであり、自分の商売のネタにしているだけだ。彼らは自分の見たい現象だけを見ているにすぎない。

現実はどうなるか。コロナショックで世の中は何も変わらない。

コロナとは、自由主義、管理社会の問題ではない。感染症の問題、それに尽きる。それだけだ。ビフォーコロナ、アフターコロナなど意味はない。コロナでは何も変わらない。もし、管理社会になるとすれば、そんなことはすでに進んでいる。コロナショックと無関係に、そのずっと以前から進んでいる。政府が怖いか、グーグル、フェイスブックらのＧＡＦＡが怖いか、それだけの違いだ。どちらが世の中に役に立つのか、それだけの違いだ。

私の個人的な結論を先に言っておくと、良い政府もあれば悪い政府もある。政府が良いことをすることもあれば、悪いことをすることもある。それだけのことだ。良い政府を選び、政府が良いことをするように仕向ける。データも同じだ。政府が良いことにしか使えないようにする。そうでなければ反対する。それだけのことだ。

GAFAも同じで、社会、経済全体にマイナスのことをするのであれば、独占禁止法ならびにその他の法制度によって規制をかけるだけのことだ。

これについては、後ほど改めて議論したい。

大恐慌ではなく最後のバブルがやって来る

さて、コロナショックで社会も変わらないが、経済も変わらない。

経済は大不況、いや大恐慌になる。リーマンショックをはるかに超える危機だ。いやそれどころではない、1930年代の大恐慌よりも酷い。前代未聞だ。

そのような声が大きいが、間違いだ。

コロナショックがあっても、経済は一時的に不況になるだけのことだ。それは瞬間風速は史上最強だが、トータルの影響はそれほど大きくない。すぐに回復に向かうだろう。もちろん、その回復がどの程度かという点に関しては、議論が分かれる。しかし、逆に言えば、その程度だ。回復するスピード、戻ったときの経済の水準の高さという相対的な程度の話として議論する水準の危機、不況なのだ。普通の不況にすぎない。

一方、人々が気づいていない重要な点があり、コロナショックの次に来るものがある。

それは何か。

バブルである。コロナショックバブルが起きる。

これからバブルになる。そして、それはおそらく最後のバブルになる。

最後のバブルとはどういう意味か？　私の考えでは、バブルにはいくつかの循環がある。短期の循環、中期の循環、長期の循環がある。ここでは、中期の循環が終わる可能性があると考える。

短期のバブル循環としては、たとえばリーマンショック後のバブルがある。世界中の中央銀行の大規模金融緩和によるバブルだから、金融緩和バブルあるいは中央銀行バブルと呼ぼう。その短期のバブルが起きた。なぜ、このバブルが起きたか？

リーマン破綻を止めとする世界金融危機から世界金融市場と世界経済を救出するためだった。中央銀行が流動性バブルをつくって一応抜け出したということだ。リーマンショックはなぜ起きたのか？　２００３年以降、世界的な金融バブルが起きていたからだ。

バブルが膨らめば、その後は崩壊する。この繰り返しだ。

中央銀行バブルも同じことだ。この流動性バブルは、２０１９年には、すでに崩壊寸前で、いつ破裂してもおかしくなかった。そして、その気配は何度かあったのだが、なかなか決定的なきっかけがなく、株価の上昇は10年も続いてきたが、そこへコロナショックが起こり、決定的に崩壊した。第1章でもこれは述べたことだが、これらが短期のバブルである。

そして、これから再びバブルが起きる。次は、コロナショックへの経済対策と称する大規模な財政出動によるバブルだ。

コロナバブルと呼んでもよいし、世界財政出動バブルと呼んでもよい。これが次のバブルだ。

そして、この短期バブルが最後となり、短期バブルを繰り返した中期のバブル循環が終焉を迎える。この中期循環は、オイルショック後始まったもので、冷戦終了によりバブル拡大局面を迎え、それがかなりの期間にわたって継続し、大規模に膨らんだ中期バブルの循環となった。それが、コロナショックによる世界財政出動バブルで終わるのである。

終わるというのはどういうことか。

これまで、短期バブル循環が終わるたびに、次のバブルをつくることによって、本質的なバブル崩壊の事後処理を先送りしてきた。リーマンショックで世界金融バブルが終わったが、その本質的な処理はせずに、大規模金融緩和でごまかし、先送りしてきた。その結果、国債バブル、ソブリンバブルが起き、低金利低成長の中、株式も不動産も長期にわたって上昇を続けた。

それ以上にバブルになったのが、ジャンク債市場であり、規模が大幅に拡大した。スタートアップおよびユニコーンと呼ばれる上場前の新興企業市場は、価格付けが異常な水準になった。ベンチャーキャピタル市場バブルとなった。

これらのバブルがコロナショックで崩壊した。10年間の短期のバブル循環が終わった。

そして、これからアフターコロナバブルが始まるのである。

今後、救済という名の下に大規模で混乱した、議論や理屈抜きの、節操のない世界大規模財政出動が行われる。いやすでに行われている。この結果、財政破綻が起きる。

その結果、バブル崩壊を救うためのバブルをつくる手段がついに尽き果て、１９９０年の冷戦終了からの中期バブル循環が終焉を迎えるのである。

「普通の」不況に過ぎない

これをもう少し丁寧に解説しよう。

コロナショック後、実体経済はどうなるのか。

巷では、リーマンショックはもちろん、１９２９年からの大恐慌を超える、人類史上最大の恐慌が来ていると言っている人もいる。いやほとんどの人がそう言っていて、人々はそれでコロナ以上に恐怖を感じている。

これは嘘だ。

しかし、多くのまともなエコノミスト、学者、ＩＭＦなどの国際機関までもが、少なくともリーマンショックは確実に超える危機だと言っている。なぜ、そんな良識も見識もあるはずの人たちが嘘を言っているのか。

厳密に言うと嘘でもないからである。

どっちなんだ、と言われるであろうが、ある意味ではどちらも正しい。史上最大の危機と言えなくもないが、トータルで見れば、リーマンショックよりは小さな危機である。

どういうことか。

４月24日に米国議会予算局（ＣＢＯ）が出した予測は、米国の４～６月期のＧＤＰが年率換算で前期比40％減というものだった。四半期ベースでは戦後最大のマイナスで、失業率も14％に達するとし、一方、財政赤字の予測は年３・７兆ドルで、これも戦後最悪の水準とした。しかも、１～３月期の予測は３・５％減だったが、実際に米商務省が４月29日に発表した数字は、前期比４・８％減とＣＢＯの数字を上回る減少だった。したがって、４～６月期は40％減よりもさらに悪くなる可能性もある。この事実だけを見ると、確かに史上最大の危機である。

しかし、ＣＢＯの予測には先がある。ＣＢＯは7～9月期は23・5％の大幅なプラス成長に戻ると見込んでいる。さらに２０２０年の1年間では、成長率はマイナス５％台に沈むものの、２０２１年は２・８％のプラス成長と見込んでいる。つまり、Ｖ字回復を見込んでいるのだ。比較すると、大恐慌時は先進国のＧＤＰが１９２９～32年に16％も減少した。今回は極めて深い景気ショックになるものの、短期で回復する見通しなのだ。そして、これはＣＢＯだけでなく、米国投資銀行、ゴールドマン・サックス、ＪＰモルガン、モルガン・スタンレー、いずれの予測も同様であり、ほぼコンセンサスになっている。

したがって、トータルで見ると大恐慌どころかリーマンショックにも及ばない「普通の」経済的な落ち込みなのである。

ストックショックではなくフローショック

これは理屈で考えても明らかだ。

理由は、第1に、ストックのショックではなく、フローのショックにとどまっていること。第2に、金融セクターが直接傷んでいないこと。これらにより、コロナさえ収束すれば、経済は、構造的にはすぐに元に戻る可能性が高い。

リーマンショックでは何が起きたか。多くの金融機関、投資家の資産が紙くずになった。サブプライムローンという質の悪いローン債権にＡＡＡというリスクが低い資産の価格が付いてバブルになっていたものに投資をしていた。バブルで資産を失ったから、それは取り戻せない。膨大な金融資産が失われた。

後に紙くずとなる金融資産が価値のあるものだという前提で、実体経済でも消費、投資が進んでいた。これらの需要が過剰にあり、実体経済も景気が過熱してしまった。過熱していたときに使ってしまったものは戻らず、借金だけが残る。バブル的な需要に投資した資産、設備、ビジネスモデルしか残っていないが、これらは価値がない。ここからの回復は資産もビジネスモデルもゼロから立て直さないといけないから、時間はかかるし、トータルの損失、ロスは莫大だ。

金融ストック、ビジネスストックが失われたのである。

さらに、金融危機においては、銀行の資本が激しく毀損し、金融システムが機能低下、機能不全に陥る。この結果、バブルや当初の危機と直接関係のなかったところにまでバブル崩壊の影響が広く及ぶ。

たとえば、リーマンショックで米国経済が壊滅的な打撃を受けて、レクサスがまさに１

台も売れなくなったときに、日本の自動車関連企業は輸出できなくなって打撃を受ける。しかし、から揚げ居酒屋チェーンは関係ないはずだ。ところが、自動車関連に融資を数多くしていた信用金庫が愛知県にあれば、新規の融資はできなくなるし、場合によっては、すべての融資先に融資の返済を迫るようになる。1年の借り入れでロールオーバー、つまり毎回延長していたのに、急に1年満期で返してください、延長はしませんと言われると、愛知県のから揚げ居酒屋チェーンは資金繰りに困って倒産してしまうかもしれない。これが貸し渋り、貸しはがしの典型例だ。

１９９０年代の日本の不動産バブル崩壊後は、まさにこの状況であり、しかも極めて厳しく起きた。不動産バブルと無関係だった誠実な町工場が次々と廃業を迫られた。

一方、今回のコロナショックでは、とりあえず金融機関は直接は傷んでいない。傷むとすればこれからだ。中小企業への支援融資を公的金融機関も民間金融機関も全力で行っている。これは政府がリスクをほぼすべて請け負ってくれるから民間金融機関は傷まない。ただし、少し大きな企業、民間金融機関自身がリスクを負って支援するところ、それらが次々に行き詰まり、破綻したりすると、このコロナショックは金融危機に近づく。

さらに大きな企業、百貨店やアパレルが破綻すると、金融危機の瀬戸際になり、さらに航空関連企業などが破綻してしまうと、日本全体の金融危機になってしまう。そうなると危機は深刻化し、リーマンショックを超える危機になる。

しかし、そうはならないだろう。コロナによる自粛や経済封鎖が2021年になっても続いているようなら、そのシナリオは現実味を帯びるが、そうはならないはずだ。

つまり、金融セクターが直接激しく傷んでいないという点で、リーマンショックよりもコロナショックによる経済危機はトータルでのインパクトは必ず小さくなる。

供給ショックは存在しない

ストックのショックという意味では、日本では東日本大震災がある。これは物理的にインフラが破壊され、交通手段などの公共資本、農地、港湾などの産業資本、住宅などの生活資本、すべての面でのインフラ、資本が長期にわたって利用できなくなってしまった。

これでは、回復にカネも時間も手間もエネルギーもかかり、絶望的になる。

一方、コロナショックは、一旦収束すれば、すべてのインフラは物理にもビジネス的にもすぐに元通り使える。

コロナショックで失われてしまうストックは、倒産や失業によるビジネスモデル、ソフトの面での人的資本、そして人々のメンタルである。したがって、経済対策としては、これらの喪失を最小限にとどめるべきだ。これは可能だし、実際、最小限に食い止められるだろう。一方、物理的なストック、金融的なストックの被害は直接的にはまったくないので、立ち直りはすぐに進むはずだ。

今回のコロナショックによる経済的危機が、特別であると主張する人々のもうひとつの論点は、需要と供給の両面が同時に消失したという点が前代未聞であり、その結果、我々が見たことのない危機になっている、というものだ。

これも間違いだ。供給は消失していない。

コロナショックの当初、武漢だけの問題だと思われていたときには、武漢はＩＴ機器や自動車関連の部品工場の集積地であったことから、供給がストップし、騒ぎになった。これが供給ショックという印象をエコノミストたちに与えた。しかし、これはすぐさま解消した。

世界的に生産は分散しており、武漢に進出しているようなグローバル企業は何らかの対応ができた。中国からの輸送がストップして困った企業やサプライチェーンもあり、まったく動かなくなった生産ラインもあったが、マクロ的に見ると、それらは部分的であり、前代未聞のマクロショックとは無関係なものであった。

マクロショックとして現実に起きたことは、中国が徹底的に武漢を封鎖し、生産も止めたために、中国の生産指数が急落し、ＧＤＰも中国史上初の急減となったことがある。しかし、それは短期的であり、すぐに世界的な問題ではなくなった。そして、現在では、中国はコロナショックをすでに克服して生産も消費も回復している。実際、世界でショックの影響が残っているのは、中国以外と言っても過言ではない。

　中国の供給ショックが問題でなくなった理由は単純で、欧米を需要ショックが襲ったからだった。欧州の自動車工場の生産ができなくなって困るという声も当初は僅かにあったが、欧州で死者が増加し、ニューヨークに感染の震源地が移ると、欧米の自動車工場自体が閉鎖となり、そんなものは誰もが忘れ去ってしまった。

　詳しく述べる必要もなく、強烈な需要ショックなのである。需要の瞬間的な蒸発なのである。そして、それに尽きる。瞬間的だから、戻ってくるときもすぐに戻ってくる。一方、生産体制は大企業を中心に着々と再開へ向けて対策も取られており、一旦需要が回復すれば、何も心配することはない。あくまで需要がすべてだ。

　それでも供給制約がマクロ経済に深刻な打撃を与えているし、これからも与えるという主張がある。それは、たとえば、需要が明らかにある、いや需要が殺到して人々がパニックになったマスクである。マスクは生産の制約により、供給不足に陥った。問題は明らかに供給不足だ。これは供給ショックそのものだったではないか、という主張だ。

確かに、医療現場は供給制約に厳しく直面した。防護服など、コロナ対応に直接必要な、それも患者、医療側、相互の命に直接かかわる最重要のものが足りなくなった。そして、その供給制約はすぐに解消しなかった。明らかな供給ショックである、という主張である。

事実としての品不足というのは正しい。しかし、それが供給制約、サプライショックによるものという判断は間違いだ。

これは供給制約ではなく、不確実性、それも需要の不確実性からきている。すべては需要サイドの問題なのだ。

マスク問題は日本だけ

なぜ、マスクの供給が増えなかったか。増えるのが遅れたか。それは、実は、日本国内特有の問題なのである。一般用のマスクが足りなかったのは日本国内だけだったのである。なぜか。

もちろん、第1に、世界中の需要が突然高まったことがある。特に欧米では、従来はマスクに対する拒否感があり、マスクは役に立たないという強がりの非合理的な主張が多かった。しかし、危機が深まるにつれ、世界中で誰もがマスクをするようになり、結果、奪い合いが激化した。病院用のマスクは当初から不足した。こちらの奪い合いは命にかかわる、真の致命的な危機を避けるための奪い合いだった。

そして、一般用のマスクも高騰した。国際価格は10倍になった。それでも調達難になった。米国では、連邦政府と州政府の奪い合いになり、州政府が予約していた注文を連邦政府がキャンセルさせて奪ったという疑惑がスキャンダルになった。

一方、中国は一気に増産したが、その増産は当初は中国国内で吸収された。海外には回ってこなかった。そのような状況で、日本では買いだめしようと人々がドラッグストアに殺到し、入手困難になった。なぜ足りないのか、中国ではなく国内でつくれないのか、要求や非難が殺到した。それに対する回答は、マスクの生産は特殊で意外に難しく、他の生産設備を転用できないなどの理由ですぐには増えない、というものだった。人々の不満は高まった。

需要がこれだけあるのだから、すぐには生産できなくても、どこかが必ずつくってくるだろうと思われたが、いっこうに供給が増える気配はなかった。ネットで転売しようとしている奴が買い占めている、という非難が殺到したが、それは一部に過ぎなかった。日本では、ほぼ入手は無理だとあきらめた人々が多く、手作りのマスクに向かった人もいた。

個人的には、戦時中の千人針を思い出して嫌な気分だった。

そして、中国はいち早くコロナ危機が収束した。３月末には、主戦場は欧州そしてニューヨークへと移っていった。中国や台湾の一部の政府機関や人々が日本へマスクを寄付してくれるという話が聞こえてきた。どうも中国にはマスクがあるらしい。なぜ日本にはないのか？　日本の生産者は何をしているのか？　中国から輸入はできないのか？　人々の疑問は高まった。

真相は他愛のないものだった。

日本の生産者や輸入者が、生産や輸入をずっと躊躇し続けていたのだった。２カ月にわたって躊躇し続け、動かなかったことがわかってきた。

どういうことか？

国際的に奪い合いになって、国際価格が高騰した。これだけのことだったのである。

中国は生産能力を回復した。そして生産をしている。しかし、需要は急増した。しかもどの国も緊急で切迫している。だから、製品も不織布などの原材料も取引価格が急騰した。10倍になった。これが起きたことのすべてである。

世界はどうしたか。

高いなどと言っていられない。みな10倍の価格で買いまくった。10倍の価格で売れるから売りまくった。

日本だけが違った。

日本の生産者は10倍の原材料価格に尻込みした。これでは採算が取れない。ほとんどの生産者が生産をあきらめた。

中にはそれでもニーズが高いから生産しようとした企業もあった。そもそも生産よりも手っ取り早いのは中国からの輸入で、中国には10倍の価格であれば、マスクは溢れていた。輸入しようとした業者も多かったが、彼らもみなあきらめた。

生産者も輸入業者もあきらめた理由は何か。

小売店が難色を示したからである。10倍の価格で売るわけにはいかない、と頑なだった。なぜ？　10時開店の店に７時前から行列ができているのに？　マスクを買うためだけに３時間以上、風邪を引くリスク、コロナ感染リスクを冒してまで並んでいるのに？　私だったら、３時間並んで50枚５９８円のマスクを買うよりも、50枚４９８０円で構わないが、どうもそうではないらしい。

10倍の値段で売ると、客から苦情が殺到して、店員は殴り殺されそうな勢いになるらしい。マスクがなければないで、店員を怒鳴りつけ、国際価格が値上がりして、その値段で売ると殴りかかる。そんな客を相手にするのはごめんだ、ということらしい。つまり、ドラッグストアはマスクで儲けるなんてことはせずに、とにかく異常な消費者とは関わりあいたくなかったというのが本音だった。

その結果、マスクは東京でもあることはあったが、ネット通販や新大久保の韓国街で売られる、国際標準価格での販売だけになってしまった。そして、人々はマスクが手に入らないと暴れ、政府を突き上げ、政府が無駄にマスクを配り、人々の不評を買うことになったのである。

つまり、マスクの供給不足とは、生産能力不足でも資本主義経済の失敗でもなく、資本主義を受け入れない日本の消費者の嗜好の問題に過ぎなかったのである。

人工呼吸器やフェイスガード、防護服の状況は少し違うが、本質は同じで、需要リスクだった。つくろうと思えばつれたのだが、つくってみても、売れ残るのが怖い、つくって売るころにはコロナが収まってニーズがなくなっているということが怖くて、生産に踏み切れないということに過ぎなかった。

一部のリスクテイクを厭わない日本国内の生産者が東北地方でマスクを増産すると表明したのが僅かな例外だった。もうひとつ、三重県でマスクをつくった電機メーカーもあったが、50枚２９８０円でも高いという批判を受けた。ただし、つくってみると、実際には購入希望が殺到し、サイトがダウンし、抽選に切り替えたところ、１００倍を超える高倍率であった。つまり、批判をネットで行っている消費者は本当の消費者ではなく、ある種の愉快犯、ネット炎上を起こして喜んでいる、ある種のテロリストあるいはデモ隊と言ってもよかった。

話がややそれたが、要は供給ショックはまったく起きなかった。コロナショックはあくまで需要だけのショックなのだ。マスクの話も需要サイドが混乱したことによる生産ストップであるから、あくまで需要ショックなのだ。需要サイドが通常に戻る、あるいは冷静さを取り戻す、あるいは合理的になれば、需給の問題は解決するのだ。

したがって、コロナショックによる経済危機は、非常にシンプルな需要ショックで、そのスピードと規模が極端に大きく、しかもそれが短期に集中して起きるということに尽きるのである。そして、それを克服しさえすれば、経済は通常に戻るのである。

したがって、コロナショックを実体経済の面から過度に恐れる必要はない。恐れるべきは、短期の瞬間風速だけであり、瞬間風速は強烈だが、そこさえ凌げばなんでもない、ということを肝に銘じて、政府も企業も個人も対応するべきだ。

逆に言えば、瞬間風速で失われてしまうものを最小限に抑える対策が必要なのである。それは、企業のビジネスモデルであり、個人の人的資本と意欲である。したがって、倒産を最小限に抑え、失業を最小限に抑え、それでも生まれてしまった倒産、失業、これに絞って全力で救済するということだ。

象徴的なことに、これは新型コロナに対する医療対策と同じである。感染の広がりをできる限り抑えるが、それでも感染はどうしても出る。出た感染者を全力で救うということだ。重症患者をなんとしても死なせない。これに尽きる。ここを凌いで回復すれば、（現在わかっている限りでは）後遺症も少なく、一旦元気になれば元に戻る。

望ましい経済対策については、後で議論することにしよう。

金融システムは盤石

実体経済以上に金融システムは大丈夫だ。

前述したように、コロナショックの経済的側面は、行動制限による需要の急減だ。これに尽きる。大恐慌やリーマンショック、東日本大震災のように、ストックは傷んでいないから、急激な需要消失による倒産の急増さえ防げれば、実体経済の危機が金融セクターの危機に波及し、それがさらに実体経済を傷め、というスパイラル的な危機にはならずに済む。

政策対応としては企業の資金繰り倒産防止に尽きるのであり、実際、世界中の中央銀行が流動性を市場に供給し、同時に、大企業、中小企業にも資金の詰まりがないようにあらゆる政策を打っている。あの米国中央銀行ＦＥＤが中小企業に直接融資するとも言える、前代未聞の政策に打って出たのは驚きであったが、適切である。そのような政策を前例や組織のこれまでの枠組みにとらわれず行っていけば、金融危機にはならないだろう。

それでも米国は失業率が一時的には10％を超えたし、今後20％近くなる可能性があるとも言われている。しかし、これが金融市場を破綻に追い込むことはない。むしろ失業率が高まることを許容すれば、金融危機にはならずに済むだろう。

なぜか？

これは、古典的な資本と労働のトレードオフによる。マルクスの資本論の世界である。米国でなぜ失業率が20％になるのか？　日本でなぜ失業率が２％台のままなのか？　それは簡単で、企業も政府も、リスク回避の手段が両国で正反対であるからである。

米国では、ニューヨークでコロナが広がるや否や、失業が急増した。３月15～21日までの１週間で、新規失業保険申請者数はいきなり３３０万件という衝撃の歴史的数字であった。これまでの１週間の最大件数は１９８２年の秋の70万件まで遡らなければならなかった。要は、１週間で３３０万人が新たに失業したということだ。

しかし、最大の驚きは、これがニューヨークで外出制限が始まる直前（３月22日から開始）の数字だということだ。本格的な不況が来る前にすぐに３３０万人が失業してしまったのである。翌週はさらに倍増して６６５万件、その次は６６２万件、その翌週は５２５万件と、１カ月で２２００万件、新たに２２００万人が失業してしまったのである。

米国のすごさはこのスピードだ。企業は倒産を免れるために、まずクビにできる従業員はすべて徹底的に切る。自分を守るのだ。資本を守り、その結果、金融市場が守られるのだ。だから、失業率が歴史的な高水準になっても金融危機が来るとは限らない。

さらに、米国は商業銀行が弱い。個別の融資を各企業に丁寧にできる商業銀行が少ない。借り入れは市場頼みで、社債、コマーシャルペーパーなど市場経由である。したがって、銀行を通じた連鎖倒産、銀行経由の貸しはがしにより、健全なセクターや企業まで資金繰りが詰まって倒産するということはない。

逆に、自ら行き詰まった企業はすぐ倒産してしまう。メインバンクが柔軟に長期的視野から支えてくれることがないので、行き詰まればすぐに倒産。しかし、その代わり、倒産してから投資家が群がってきて、資本を注入し、復活することも多い。すぐに倒産してしまうから、事業価値が残っていることが多いからだ。

このような背景から、日本では１９９０年代末のような、不動産バブル崩壊から銀行を通じた健全セクターをも巻き込んだ連鎖倒産、というパターンに陥るリスクが常に懸念材料だが、米国では、銀行経由の連鎖倒産のリスクは相対的に小さい。しかし、市場経由のより大規模な連鎖倒産がある。これが、現在もっとも懸念されていることで、ジャンク債市場のバブル崩壊によって、大企業の連鎖倒産が起こり、金融危機、大企業危機が同時に来ることが米国経済の最大のリスクである。

ジャンク債バブルと金融危機

ジャンク債市場はバブルになっていた。リーマンショック後のFEDおよび世界の中央銀行の過剰な金融緩和、いわゆる量的緩和により、マネーが溢れ、債券利回りは急低下し、利回りを求める資金が国債から逃げ出し、少しでも利回りのある商品を求めた。欧州ではマイナス金利が常態化し、ドイツ国債などは10年物の利回りがマイナス0・6%といった、前代未聞どころか、理屈でどう考えても説明できない水準で定着してしまった。

その結果、リスクの高い債券であるはずのジャンク債の流通市場は史上最高値を大幅に継続的に更新していた。バブル発生である。資金が殺到し、値上がりする。さらに利回りが低下する。そうすると、いままで低金利での資金調達ができなかった企業まで、新たな資金を得て、投資を拡大する。ジャンク債の発行額が増える。ジャンク債へ投資したい投資家のニーズを満たす。

このようにして、好循環に見えるが、実は要は短期のジャンク債バブルに過ぎないものが生まれていたのである。典型的には、シェールオイル、シェールガスの開発投資のための資金調達があった。これは量的にも膨大であった。しかし、シェールガス産業自体もバブルであったので、原油価格が下落するたびに、シェール破綻懸念がささやかれた。

シェール開発破綻からの金融危機に対して、２０１７年以降、複数のエコノミストが警鐘を鳴らすようになり、２０１９年にはいよいよいつ破綻してもおかしくないと多数の有識者が懸念していた。それはシェールガス企業群の破綻にとどまらない。ジャンク債市場バブルの破綻につながるのである。

そして、いよいよこれが破綻する日がやって来た。

２０２０年4月に入ると、米国シェールガス・オイル中堅企業が次々と破綻し、6月には大手チェサピークも破綻した。次は、これがジャンク債市場全体に波及するかどうかが焦点だ。

近年流行している投資対象として有名なのが、ＣＬＯ（ローン担保証券）と呼ばれる証券化商品で、要は、銀行など金融機関が出したローンを証券化したものだ。この発行残高は2019年時点で65兆円以上と言われており（ブルームバーグなどの試算による）、このうち8兆円程度を日本の農林中金が一社で保有している。日本の地方銀行、信用金庫などの地域金融機関も国債の利回り消滅による運用難から多額を保有しており、金融庁が神経質になって監視している。

CLO自体はジャンク債とは限らず、AAAという最高格付け（リスクがもっとも低い）ものから、投機的格付けのものまである。しかし、利回りを求める機関投資家が殺到しているという点でジャンク債と同じであり、保有している投資家が同じであることから、ジャンク債市場のバブルが崩壊すれば、CLO市場でも投げ売りが波及し、暴落が起こるはずだ。そうなると、日本の金融機関、とりわけ地域金融機関および農林系金融機関の破綻懸念から、日本で金融危機が起こりかねない。

バブルが〝また〟〝再び〟やって来た

しかし、このバブル崩壊の危機は、新型コロナの「おかげ」で、なくなってしまった。なぜなら、新型コロナショックからの企業倒産危機を回避するという理由から、米国中央銀行FEDが社債を大量買い入れすることを決定したからであった。

もちろん、コロナショックと無関係に以前から破綻懸念のあった企業の救済に回ってはいけないということで、コロナショック以前にはトリプルＢ格、つまり投資適格だった債券で、コロナショック後、トリプルＢ未満になった債券を買い入れることとしたからである。だから純粋なジャンク債をＦＥＤが直接購入することはない。

しかし、それは市場である。トリプルＢの債券に大量の買いが入り、その市場がバブルになれば、それに隣接するトリプルＢマイナスの債券の価格も上がり、それにつれてダブルＢプラスの債券の価格も上がり、というふうにして、ジャンク債市場もバブルに再びなるのである。実際、「〝堕〟天使債」と呼ばれる投資適格から投機的格付に格下げされた債券への投資が殺到している。本来なら暴落するはずだが、今後ＦＥＤが買い入れるという期待が膨らんでいるのだ。まさにバブルだ。

世界中で資金があまり、その資金は結局、世界の金融市場に溢れる。そうすると、すべての金融商品の価格が上がる。リスクのあるものしか利回りがつかなくなり、それを求めて投資家はジャンク債でも買う。こうして、ジャンク債バブルは崩壊寸前から、一気に再度バブルとなる可能性が高いのである。

これは、どこかで聞いたような話である。

そう。リーマンショック崩壊で、パニックになった市場は、世界中の中央銀行が量的緩和で救済することによって、バブルが再度つくられた。バブル崩壊のコストは、さらに大きなバブルがつくられることによって短期的に先送りされ、処理は行われなかった。この結果、国債バブルになり、それがジャンク債バブルに転化した。それの再現に過ぎない。

まさにバブルは繰り返される。実際、されているのである。

これはコロナショックにおいても、まったく同じ、いや、前回のリーマンショック処理後のバブル以上に大きくなる可能性がある。

なぜなら、前述したように、コロナショックの実体経済への影響は、リーマンショックよりもはるかに小さい上に、金融機関は直接は傷んでない。それにもかかわらず、ＦＥＤの資産買い入れは、リーマンショック時よりもはるかに大きく、また財政出動も、リーマンショック時よりも大きいからである。

バブルがまさに〝また〟〝再び〟やって来たのである。

第3章

すべての価格はバブルである

——原油先物マイナス40ドルは何を意味するか

前代未聞の原油先物マイナス価格

２０２０年４月20日、米国ＷＴＩ原油先物５月物は、前代未聞のマイナス価格、しかも１バレルマイナス40ドルとなった。原油を買うと40ドルもらえるのである。史上初というより天変地異と言ってもよい現象だ。これは何を意味するのか。

とりあえず説明するのは簡単である。

これは先物であり、需給バランスが崩れたからだ。先物の決済期限が来て、誰も買い手がいなかったから、売り手が投げ売っただけのことだ。

まだこれでは説明が足りない。ゼロになるのはわかるが、マイナスなのはなぜか。

いや、それも簡単だ。原油先物だから、日経平均先物と違って、最後まで持っていると原油を引き取らないといけない。引き取ると、貯蔵のコストがかかる。それをカバーするにはカネをもらわないと引き取るわけにはいかない。実際、貯蔵用の施設やタンカーの利用料、賃借料は暴騰している。これらを新たに借りて、原油の需要が戻ると思われる８月以降売れれば元が取れるような価格、それがマイナスということなのだ。普通は、そういう説明をするだろう。

しかし、これもおかしい。そうであるならば、先物だけでなく、原油の現物の売買スポット価格もマイナスにならないといけない。さすがに現物はそうなっていない。現物の価格がプラスなら、現物を需要している人々が参入して、アービトラージ（裁定取引）を行えば、マイナスの価格にはならない。なぜそれが起きないのか。

とりあえずの回答は、彼らはすぐには参入できなかったが、あまりのマイナス幅に、これは儲かると遅ればせながら参入したのが翌日。そして、翌日にはマイナス幅は縮小した、というものだ。

だが、説明できないことがまだまだある。

それならば、なぜ6月物も1バレル6ドルまで暴落したのか。1カ月余裕があれば、実物を買う人は先物を買っておけば大儲けするのではないか。5月物でマイナスが起きたならば、6月物でも同様のことが起きる可能性があると察知し、ここは待ち構えて買いまくることが可能だったはずなのに、なぜ、5月物のマイナス価格という大暴落は6月物にまで伝播したのか。

これも、一般的な解説は、簡単だという。もともとの暴落をもたらしたのはあるETFで、このファンドは大量の5月物、6月物を抱えていた。自身のファンド価格も下落しており、資金調達もできず、7月物、8月物などに乗り換えられないまま抱え込み続けて、最後に投げ売って、5月物が暴落した。このとき、6月物に無理やり乗り換えた（買い換えた）ため、6月物は5月物に連動して暴落せずむしろ値上がりしてしまった。それでも5月物を抱えているよりましなので6月物に移した。実は、このファンドは5月物よりも6月物をはるかに多く抱えていたので、6月物も暴落すると破綻してしまうので、6月物が値上がりするのはむしろプラスだった。6月物が割高になってもよかった。6月物をある意味、一時的に自分で買い支えた形になった。そして、翌日は6月物を売りまくった。5月物の売却ではファンドの解約に対応するための現金を調達するには到底足りないし、さらに損失が拡大したため、信用買の担保の現金が必要だった。このファンドが、6月物を翌日に売りまくったので、6月物も暴落した。最終的には、このファンドの売りが出尽くしたので、その後6月物は反転し、大幅に上昇した。

需要することと買うことは別

普通の解説ならこれで終わりである。何の矛盾もないということになるだろう。

しかし、実は大きな矛盾がここに眠っている。

価値のあるモノの価格がネガティブになるのは、やはりおかしいのである。

もう一度、なぜ、原油の先物価格がマイナス40ドルになったかを整理してみよう。

第1に、現物ではなく先物だったからである。そして先物を純粋に金融商品として投機的に原油を買ったからである。原油を使わない人が原油を買ったからである。

ただ、このロジックでは不十分だ。なぜなら、原油を使う人は世の中に大勢いるから、自分が需要しなくても誰か必ず買うはずだ、という前提があって買っているから、その前提に間違いがなければ、金融商品として原油を買うのは間違いではないはずだ。だが、結果的に間違いだった。少なくとも価格は間違った価格になり、買った自分の意思決定は結果的に間違ったことになった。

誰が何を間違えたのか？

まず、前提が間違っていた。需要があるから必ず誰かが買う、という前提は間違いである。需要することと買うこととは別だ。需要があることと売れることとは別というのが正確だ。つまり、必要な人がカネを持っていても、その瞬間にそのモノを必要としていないと、そのときに買うとは限らないのである。当たり前のことを言っているように聞こえるが、ここに金融および投資の重要な2つのポイントがある。

ひとつは、価値と価格は違うということ。価値は価格と異なる。価格はその時々の取引で決まった結果にすぎない。理屈はない。そのとき、買い手が阿呆で、高い値段を払えば、それが価格になるし、売り手が焦って安く売れば安い値段が記録される。価値とはまったく無関係だ。

もうひとつは、時点の問題だ。時点が異なると、同じモノでもそれは違うモノであり、金融と投資においては、その違いはリスクを含むためにまったく別物になる。異時点をつなぐことをリスクと呼ぶ。それがリスクの本質だ。

つまり、この問題は価値と価格の違い、リスクの本質という金融投資のすべてが盛り込まれているイシューなのである。ただし、これは基本中の基本の問題で、今回の原油ネガティブプライス事変に限った話ではない。先物というものの存在、それを投機的にあるいは純粋に金融投資として行った場合には常に生じるものなのである。

さらなる問題はマイナスになったことである。価格が価値からずれるのはいつものことだ。ここで重要なのは2つ。原油という実需が常にあり、実需においては常に価値があるものであったにもかかわらず、実需における価値を大幅に下回る水準まで暴落したことがひとつ。

支えとなるはずの実需の価値と無関係に暴落した。これではわざわざ原油という実用的な実物に投資した意味がない。実物として必ず価値があるから、明確な裏づけがあるから投資しているのに、その裏づけの価値と無関係に下がってしまったことは実物資産を裏づけとした金融商品への投資に対する疑問を生じさせる。

２つめは、この延長線上にあるが、その裏づけの価値は景気により変動するとしてもネガティブになるはずのないものであるが、それがネガティブの価格をつけたことだ。下がるにしても限度があり、その究極の限度のゼロを超えて価格がネガティブになったことが重要だ。

つまり、ダウンサイドリスクが限定的である、という原油へ投資することの最大の意味が、この２つにより全否定されたのだ。

なぜ、原油への投資の本源的価値が失われてしまったのか。それは、暴落前の価格が高すぎたからである。

価格が上がりすぎる。これは「暴落する唯一の理由」である。上がったから下がる。下がった理由は上がったから。上がらなければ下がらない。暴落するのはあまりに上がりすぎたから。バブルだから。ということだ。当たり前のことだが、バブルは上がりすぎて下がりすぎる。この２つはセットだ。

しかし、ここではさらに注意すべきことがある。高すぎた、上がりすぎた、というのは絶対的な価格水準ではなく、「現物の実需に比べて」ということだ。つまり、原油の先物価格がネガティブになるほど異常に暴落したのは、これまで原油先物という金融商品が、原油の実需価格を大幅に超えて取引され続けてきたからなのだ。

ここは当たり前に見えてものすごく重要だ。最大のポイントは「原油先物価格は、常に原油の実物の価格と無関係であり、かつ、それが実需の価格を常に大幅に上回っていた」ということだ。無関係かつ常に高すぎたのである。

現物の需要が高まったから、先物も値上がりしたのではなく、現物の需要が高まりそうだというニュースが出たから、先物を買うやつが増えるだろうと思って、みな買うから値上がりしたのである。そして暴落して、現物よりも下がった可能性があるのは、リーマンショック後のときだけである。１バレル１４７ドルから暴落して20ドルを割り込んだとき、これは現物の価格を下回り、タンカーを使って裁定取引がなされるのでは？　という噂になったが、噂に過ぎず、実現しなかった。純粋な実需の価格はあの状況では実は20ドルよりも低かった可能性が高く、やはり先物は一度も現物の実需価格を下回らなかったと推測される。

原油の適正価格はない

では、実需の本当の原油価格はいくらなのだろうか？

現物の市場があるから、その価格は……と市場で成立していた価格をひろってくるのは間違っている。なぜなら、市場の取引価格は価値とは無関係だからだ。現物の原油の本当の「価値」、真のファンダメンタルズに基づく「価格」はいくらなのか。

さあ、ここが本章の最重要論点である。そして、これが２０２０年４月20日に原油がマイナス40ドルになった２つめの理由である。

実は、原油の実物としての「価値」も「価格」も、誰にもわからない。すなわち、ファンダメンタルズに基づく「価値」も「価格」も不明なのだ。つまり、原油は先物の金融商品だけでなく、現物に関してもファンダメンタルズが存在しない。それが最大の問題なのだ。

そんなバカな、と思われるだろう。原油を精製してガソリンにしたり、ジェット燃料にしたり、火力発電用に使ったり、様々な実需がある。買う側としては、実際に払うことになると思われる価格を想定して、自分たちの製品の生産量を決め、価格を設定する。原油を使って製品をつくる企業は、原油の現物をお金を出して買っているわけだし、その実需に基づく価格がファンダメンタルズになるのではないか、と思うだろう。

違う。

原油の実需の取引価格は、１９７０年代のオイルショックの前までは、１バレル２ドルだったのである。それが第一次オイルショックで10ドルを超え、第二次オイルショックで

１９７０年代末には30ドルを超えたのである。オイルショックで何が変わったのか？　きっかけは中東戦争であるが、それは一時的な需給。しかし、原油価格はその後、２ドルになることはなかった。急に人々が原油を欲しがるようになったのか？　産業構造が突然変化したのか？　当然違う。供給側の構造が変わったのである。ＯＰＥＣがこれ以降、原油価格決定のリーダーシップを手に入れたからである。

彼らは何をしたか？　供給をコントロールする、と決めただけである。その結果、価格の決定権が需要側から供給側に移った。それだけである。それですべてが変わった。

需要量は決まっている。ガソリンなど消費者にとっての必需品もあるし、化学製品をつくるうえでの原材料という面もある。化学製品は、原材料価格の変動に対する生産調節ができないこともないが、短期にはできない。設備投資をしてしまっているので、生き残るための最低限の生産量は決まっている。実際には、最終製品の価格に占める原油という原材料コストは一部に過ぎないので、原材料費が倍の価格になったぐらいでは生産量を変えることにはならない。製品価格を若干変更するか、利益を削るかだけである。したがって、供給側が供給量をコントロールし、価格を吊り上げようとすれば、価格は上がる。

なぜ、原油は供給量をコントロールできるか？　魚は腐るが、原油は腐らないから、という答えは間違っている。紙は腐らないが、紙の供給はコントロールされない。普通のロジックは、原油は生産地が偏っており、寡占体制にあるから。製紙業は寡占でありつつも競争が激しいため、供給者たちがカルテルでまとまることができず、市場の需給で普通に価格が決まってしまうから、というものだ。しかし、冷静に考えると違う。原油でも寡占競争である状況は同じだ。需要サイドも同じで、紙も原油も必需品だ。急に消費量は減らせない。

では何が違うのか？

価格である。原油はものすごく高い。そして、その結果でもあるが、儲かる。生産コストに比べ価格が非常に高いため、ものすごく儲かる。国が原油だけで成り立つ。世界経済の覇権を決定する。それほど価格が高い。だから儲かる。それに尽きる。

なぜ高いのか？　必需品の度合いが高いから。違う。水はもっと必需品だ。原油がなくとも天然ガスがある。石炭も場合によっては代わりになる。化学製品には必須だが、化学製品も原材料代替は本当は利く。なぜ高いのか。

それはたまたまだ。たまたま、オイルショックのときに価格の吊り上げに成功した。それだけのことだ。

たまたま、暴騰する。そして、その価格をある程度の期間維持し続ける。そうなってみて、改めて原油というものを考えてみると、価格が非常に高く、必需品度も高く、そして消費量も多い。となると、トータルでの市場規模が莫大になる。その莫大な市場で一旦高い価格が一定期間成立してしまうと、それを前提に世の中が動き出してしまう。それ以後、原油は高くなったのである。

原油は今でも1バレル10ドルでも40ドルでも100ドルでもいいのだ。そこに決まり、一定期間持続されるとそれを前提に世の中が動く。それがすべてだ。そして、10ドルか40ドルか、100ドルかは、そのときたまたま決まった価格だ。それが一旦持続されると、その後、持続させる力が働き、買う側は一旦それを受け入れてしまうと、そこから自力では抜け出せなくなる。

原油が高いのはたまたまだ

原油価格はたまたま決まった水準に決まるのだ。価格自体には何の意味もないのだ。そして、そのたまたま決まった値段が異常に高い水準だった。それで多くの利害がそこに固定化された。儲かる以上、値下げする理由はない。それで原油は高いのである。

もちろん値下がりしたこともある。しかし、供給側はカルテルにより下落を最小限に留めて、値崩れを防止した。1990年代前半は横ばい、後半になると値を崩し始め、20

01年にテロが起こると暴落した。しかし、そこから中国需要という要素が出てきた。実際に需要があったのも事実だが、ここに、金余りの投資家たちが大量に参入し、資源を21世紀の最大の魅力的な金融商品として祭り上げ、暴騰させたのである。

ここでわかったことは何か。

原油の価格には根拠がない、ということである。

需給では動くが、需給だけで絶対水準は決まらない。需要が増えれば上がる、供給が増えれば下がる。方向性が決まるだけである。絶対水準は、たまたま決まった水準が長期に影響を与え続けるということである。

つまり、原油価格は常にバブルなのである。

最初から整理しよう。

原油先物価格がマイナス40ドルになった理由は、金融商品としての投機的需要が中心の市場であり、需給バランスが崩れると異常な価格がつくという前提があった。しかし、最大の理由は、それまでついていた価格が異常に高すぎたからである。極端に高かったので、極端なマイナス価格となったのだ。実需と無関係な値段で取引されていたために、一旦値崩れすると、実物としての価格とは無関係に暴落した。

これは、実需のマーケットと金融商品としてのマーケットとが分断されていて、裁定取引をすることはもともと想定されていなかったために生じたと思われがちである。しかし、そうであれば、極端に価格が暴落すれば、ヘッジファンドなどがタンカーを借りてきて裁定取引をするなどにより、実需の価格による歯止めが利きそうに見える。

しかし、そうではない。実需の原油市場の価格ももともとバブルなのである。実物の価格もバブルならば、裁定取引が成り立つことはあり得ない。実物の現物であっても、１バレル10ドルでも40ドルでも１００ドルでも構わない。根拠はないのだ。一旦成立した価格に合わせて世の中が動いてきたから、そこから急に動くことはないが、逆に動き始めると、どこまでも下がる可能性があるのだ。だから、実物市場の原油価格も、一種のバブルと呼んでよいのである。

ところで、原油の価格に合わせて世の中が動いてきた、とはどういうことか。

１バレル80ドルを前提にイラクの国家予算は組まれているということであり、ロシアは40ドルを超えないと財政破綻に向かう可能性が高まる。シェールオイルの開発業者も40ドルを割ると持続性がなくなるから、破産する中小業者が続出してくる。しかし、70ドルなら、あらゆる業者が参入したがり、一定期間１００ドルが続くと、数多くの中小業者、そして大企業がシェールオイルを生産するのである。そういうことである。

シェールオイル業界の産業構造が原油価格の水準によって大きく変容するのは有名だが、それを狙って、ＯＰＥＣの有力諸国やロシアは、米国のシェール業界を破綻させるために、低価格でも生産をやめないという戦略をとる。しかし、逆に自分たちも自滅するような価格に一旦なってしまうと、反省して、供給を絞って元に戻ろうとしても、簡単にはできない。暴落していても、そこから生産量を半分にすれば、とりあえず収入が半分になり、目先の経営、国家運営が成り立たなくなってしまう。

さらに、自分だけですべてを決められるわけではない。国家内部にはいろんな意見があるし、利害関係者がいる。たとえ独裁国家、独占企業であったとしても内部を簡単にはまとめられない。国際的な寡占体制も、高い価格水準から値崩れを起こした場合には、産油国同士で一致団結することはできない。一方、価格暴騰のときには一致団結できる。すべての関係者がさらに儲かる、団結で全員が得をするからである。暴落のときは抜け駆けするインセンティブが常にあるし、それが強い。だから、うまくいかないのである。

したがって、コロナショックで需要が蒸発するという突発的な事件が起こると原油価格は暴落する。しかも、状況として、原油価格がこの10年下落傾向にあり、生産者側の寡占構造が崩れつつあり、また、生産者側の個々の利害が一致しなくなってきたという背景があれば、需要の急減をきっかけに、実物の原油価格のバブルも崩壊し、大暴落する。

したがって、今後、原油の暴落は何度も繰り返し起きる可能性がある。

金もダイヤも価値はない

これは原油に限った話だろうか？　もちろんそうではなく、多くのものにあてはまる。典型的なのは、金（ゴールド）、それとダイヤモンドだ。

ゴールドとダイヤモンドは、価値はまったくない。ゼロである。実用上の価値も、工業用ダイヤや金メッキもあるが、ゼロに近い。ゴールドの価格、ダイヤモンドの価格とは無関係だし、別物だ。

ゴールドもダイヤモンドも、人々が高い価格を受け入れているからその価格にとどまっているだけだ。たまたまああいう価格がついてしまって、それを維持する勢力が維持に成功したから、高い価格にとどまった。その後は、高価格の資産というポジションを獲得したモノ（つまりダイヤやゴールド）を資産あるいは金融商品として利用する人々が増えたため、マーケットが成立し、価格が動くようになった。しかし、高い水準のスタートラインを基準として価格が上下するだけで、高い水準であり続けた。

ゴールドとダイヤモンドがこの高価格維持に成功した理由は、いくつかある。これらのことは当たり前に聞こえ、誰もが知っていることだ。しかし、注意しなければならないのは、これらの理由は価格を維持することに成功しやすい理由であり、高価格の水準、なぜあそこまで高くなったのか、ということの理由にはならないことだ。

まず、当たり前の要因から話をしよう。

ダイヤモンドとゴールドは産地、埋蔵地が非常に偏っており、どちらも旧ソ連、南アフリカが圧倒的な支配力を持つ。ダイヤモンドの生産量は上位６カ国で世界の９割近くを占めるが、それよりも重要なのは、南アフリカ発祥のデビアス社が世界のダイヤモンドの流通の９割を押さえていることにより、価格の維持、支配に成功していることだ。デビアスとロシアが結託して価格を支配している。ダイヤモンドの埋蔵量は原油などと比べ物にならないくらい無限にあると言われ、少なくともロシアには１０００年分から２０００年分の埋蔵がすでに確認されていて、価格支配を止めれば、ただ同然となってもおかしくないほどだ。

一方、ゴールドは19世紀以降、これも南アフリカに生産が集中し、長い間、世界の３分の２は南アフリカから採掘されたものだったが、近年、多くの国で産出されるようになり、現在では中国が断然の１位で、米国、オーストラリア、ロシア、カナダなどが続き、南アフリカはその下である。南アフリカはあまりに採掘が容易であったために、採掘されすぎ、安いコストで採掘できる量が減少し、相対的に言えば、枯渇傾向にある。しかし、世界的には金の埋蔵量は枯渇とは程遠く、実は、希少性はない。

しかし、世界的な暗黙のカルテルで生産量を制限し、価格をコントロールすることにこれまでは成功しており、高価格が維持されている。そこへ、金融商品としての需要が大量に発生したため、価格はさらに上昇し、高止まりしている。しかし、生産構造から行くと、供給しようと思えばいくらでも供給できるため、金が高い理由はない。実需の工業用としては、いかなる点においても唯一無二という特徴はなく、プラチナにも銅（熱伝導性という意味では）にも劣る。

このような背景にもかかわらず、ダイヤモンドや金が高価格を維持できるのは、商品として登場したときに、人々が貴重なものだと勘違いしたことによる。貴重なものとして、あるいは美しいものとして、高い価格がついたために、その後、金やダイヤモンドの鉱脈を手に入れた企業や企業家は値崩れしないように（ダイヤも金も19世紀に大量に採掘され暴落の危機があった）、供給をコントロールし、高価格が維持されているだけである。したがって、ダイヤモンドと金の価格水準には何の根拠も意味もないのである。

価値のないものほど高くなる

原油と比べて、金やダイヤモンドがよりバブルになりやすい理由は、第1に、貯蔵が原油に比べて容易であることだ。貯蔵コストが極めて低く、供給量を自由にコントロールできる。これは誰にでもわかる。

しかし、第2に、より遥かに重要な理由は、ほとんどの人に信じてもらえないだろう。それは、金やダイヤモンドのほうが原油よりも実物としての価値がより低いことだ。実物としての価値がないものほど、バブルになりやすいのである。なぜなら、実物として、実用上の価値が存在してしまうと、その価値と市場価格との差が見えてしまうからで、価格が実用上の価値から自由に解き放たれて飛んでいく、浮遊して遥かかなたまで膨らみ飛び去ってしまうことができないからだ。

価値のないものほどバブルになる。これは動かしがたい事実なのだ。実体がはっきりしないものほどバブルになりやすい。ＩＴバブルのときのドットコムブームでもそうだったし、日本の新興企業バブルもそうだった。古くは、南海泡沫会社のバブルもある。

第3の理由も受け入れがたいかもしれない。それは、世の中に大量に存在するために、誰にでも入手しやすく、かつ枯渇の恐れがないからバブルになる。これは稀少性と逆である。稀少性のあるものほど貴重で高価だと信じられているし、だから、バブルになりやすいと思われている。

逆である。稀少であるものは高価になりうるがバブルにはならない。皆が殺到できないからだ。バブルになるためには、人々が殺到する必要がある。そのためには、かなり多くの人が実際に入手可能でないといけない。あまりに稀少であると、入手不可能で、殺到する意欲を失うからだ。そして、広く行きわたり、広く知られているもののほうが、資産価値として安定している。売却がしやすいからである。

誰でも知っているということは、常に誰かに売り込みやすいし、買い手もモノとしての概念が定着しているから買いやすい。それがもともと高いものとして人々に知られていれば完璧である。どんな貴重なもの、稀少なものでも、見たこともないのでは信じられない。詐欺かもしれない。でも金なら、ダイヤモンドなら、誰でも知っている。売り手は信用できなくとも、このダイヤや金が本物でありさえすれば、売り手が多少胡散臭くても構わない。だから売りやすいのである。

金は値上がりして価値がなくなった

第4の理由は、第2と第3の理由をあわせたようなものであるが、実用上の価値がゼロ、存在しないことである。工業用のダイヤというものもあるし、金メッキを部品に使うことはあるが、ここでの価値のある金やダイヤは貴金属、宝飾としてのものであり、それらは実用上の価値がない。価値が下手に存在してしまうと原油のように価値がなくなるリスクがあり、資産としての価値がなくなる恐れがある。実用上の価値がもともとゼロであれば、価値が減ることがないから、実用上の価値が低下したり、なくなったりすることで価値がなくなることがない。

少し別の要素も入ってきてしまうが、シェールオイルの開発で原油の先物価格が下落するのはそういうことである。工業用ダイヤに代わり、より実用性が高くコストも安い人工ダイヤや、宝飾用の人造ダイヤのイミテーションが生まれても、天然ダイヤは、もともと実用のものでないから価値が下がることはない。金よりも優れた貴金属が使われるようになっても金は下がらない。プラチナのほうが稀少でかつ実用上の価値は遥かに高くても金の価格はもはや崩れず、プラチナよりもいまや高くなってしまっているのである。

これは、プラチナも金融商品化したが、リーマンショック後、資源価格がすべて暴落したときに、プラチナも暴落してしまったからだ。そのときに、金はリスクヘッジ資産としてむしろ上昇した。これ以後、誰の目にも金は資源ではなく貨幣だということが再認識されたのである。

しかし、これは大きな事件だ。金のファンダメンタルズは値上がりすることによって、消失してしまったのである。金融資産としての価値が上がりすぎて、実用上の、実物としての、ファンダメンタルズとしての価値がなくなってしまったのである。しかも、金の金融資産としての価値はそのなくなった実物としての価値に基づいていた、少なくともそれが存在することがきっかけであったにもかかわらずだ。

これが金融資産の本質、貨幣の本質であり、バブルの本質、いや、これこそがバブルというものなのだ。

これ以後、価値がなくなった金、ファンダメンタルズが存在しなくなった金は、これまでの実物価値という歯止めを失って、バブルとして膨らんだ。そして今後も膨らみ続けるだろう。しかし、だからこそ、崩壊するリスクが生まれたのであり、金融資産としての価値を失ってもおかしくないのだ。

その意味で、原油先物価格がマイナスになったことと、金の今後の暴落リスクの本質は同じなのである。金は、今後価格が上がりすぎることが最大のリスクであり、上がりすぎてしまったことで、何かのショックで下がり始めると、ファンダメンタルズを失っているから、とことん下がる可能性があるのである。

価格が高くなることがリスク

しかし、原油には金とは別の意味で、「価格が高くなりすぎることがリスク」という点に関し、「普通の」重要な問題がある。

それは、価格が高くなりすぎて、原油が使われなくなってしまうことだ。代替エネルギーに代わってしまうと、原油自体が使われなくなり、一旦そうなると値下がりしても誰も使わない。つまり値がつかなくなってしまうということだ。

石炭の運命はそれに近い。黒いダイヤと呼ばれ、価格が高くなりすぎた。そこまで高いのなら原油で代替すればよいのではないか、ということになった。原油と天然ガスの関係も同じである。天然ガスの優れた点は多数あるが、原油が水プラスアルファのような価格であれば、天然ガスの採掘コスト、輸送コストなどを考えると利用価値はない。しかし、一旦原油がある程度高くなってしまえば、それなら天然ガスということになる。そうなると、パイプラインを大掛かりに設置することになる。これには多額の投資が必要だが、一旦巨額の投資をしてしまうと、それ以後の限界費用は低くなる。となると、高い原油を使う理由はなくなってしまい、天然ガスに需要は移っていくのである。

最後のとどめとして、シェールガスというものを利用するようになった。これは最近のことであるから周知の事実であるが、原油がそこまで高いのであれば、激しく地球環境を破壊するために、今まで知られていても誰も見向きもしなかったシェールオイル、シェールガスに注目が集った。大量に眠っているから、採算が合うなら、と一気に利用が進んだ。これで原油の値崩れが起きた。シェールガス、オイルは一旦掘り始めてしまうと一定期間は止められないので、コントロールがより利かない。もちろん、開発のスピードは柔軟に対応できるのであるが（むしろ資金調達の可能性に連動して開発ペースが変化する）、しかし、この二つの特性が相まって、原油の暴落は加速し、決定的になった。

シェールガス、オイルが今後も大量に市場に出てくるとなると、中東やロシアの原油価格コントロールのリーダーシップは失われる。そうなると、これらの国家は財政破綻してしまう。となれば、何が何でもシェールの開発を今のうちに止めておかなくてはならない（もう遅いが）。

そうなると、あえて値崩れしても構わない、彼らの開発を止めることが最優先だ、という思惑もあって、中東やロシアは原油価格が下落するのをあえて放置していたのである。そこへ、このコロナショックで原油需要が蒸発し、大暴落になってしまったのである。

ここでのポイントは、金やダイヤモンドのように実用性がなく、かつ生産工程がない（ほとんどない）ものとは違い、原油には、その背景に産業があり、つまり人間社会が存在することがかえって暴落をもたらした、ということだ。実は、金にもダイヤモンドにも背景に人間社会が存在するが、いや逆に言うと生産工程がない分、人間社会が直接登場することにより、よりダイレクトな欲望がそのままぶつかり合うことが観察できるわけであるが、これは後でまた触れることにしよう。

産業構造を決めるのは価格

背景に産業がある、ということは、一旦その産業構造が成立すると、変化が起きにくいということだ。逆に言えば、柔軟に対応ができなくなる。これが大きな問題を起こす。

しかし、すべてのモノ、サービスには、生産、供給プロセスがあるわけだから、産業構造はすべてのモノ、サービスの背後にあるはずではないか？　それが問題を引き起こすのなら、すべてのモノ、サービスがおかしくなるのか？　という疑問があるだろう。

まさにそのとおりだ。すべてのモノ、サービスの背後には産業があり、産業構造が固定化されて存在している。それがすべてのモノ、サービスをおかしくしているのだ。

私が、大学に入学したころ、ミクロ経済学の教科書には、こんな例が出ていた。青山のテニスコートの利用料は１時間５０００円。多摩川の河川敷のテニスコートは１時間３００円。なぜ価格はこんなに違うのでしょうか？

そして、教科書は典型的な誤答を用意していた。「土地の値段が青山は高いが、河川敷はただに近いほど安いから。多くの皆さんがこう考えるのではないでしょうか。」

そして、教科書の著者はそれを全否定する。「違います。価格は、コストで決まるのではなく、需要で決まるのです。１時間５０００円でも使う人がいるから、テニスコートの所有者は利益を最大化するために、価格を設定します。その結果が５０００円なのです。」

これは、もちろん正しい。ただこの先が説明されていない。その先を説明せずに、水とダイヤモンドの例などに触れるのが典型的な教科書だ。しかし、説明されていない、その先が重要なのだ。

もう少し上級向けの教科書には、この後が出てくる（はずだ？　べきだ？）。青山のテニスコートは人気が出て予約が取れません。どうなるでしょうか。このコートのオーナーは値上げをするはずです。１時間１万円になるかもしれません。予約で常に一杯だが、予約が取れないほどではない、ような水準に価格を設定します。これが市場の価格メカニズムで、需要と供給がバランスします、と。

だが、この最後のところ、「需要と供給がバランスします」というのは間違いだ。なぜなら、供給サイドは出てきていないからだ。出てくるのは需要サイドだけでテニスコートを使いたいサークルや金持ちだ。彼らが払ってもよいという値段があり、それが需要曲線になるという説明だろう。しかし、実は違う。青山のテニスコート産業に参入する企業の存在が抜けているのだ。テニスコートの例を挙げたのは、新規参入という供給サイドを考えなくてよいからで、土地は新しくつくれないし、テニスコートに使える空き地も残っていない。だから、需要サイドだけのことを考えればよい。よってテニスコートの例がわかりやすい。それで例として使われたのだ。

しかし、わかりやすいが間違いだ。必ず背後に産業は存在する。もし万が一、テニスがとことんはやったらどうなるのか。1時間10万円の利用料でも満員だったらどうなるのか。青山じゅうの駐車場がテニスコートになるだろう。ビルも取り壊されてテニスコートになるかもしれない。表参道ヒルズが全部テニスコートになるかもしれない。そういうことなのだ。

ゴルフでは、これに近いことが起きた。千葉県じゅうの山林がすべて切り崩されてゴルフ場になるかという勢いだった。都心から近いゴルフ場の会員権は暴騰し、それならもう少し郊外でも、ということで可能な限りのゴルフ場が開発された。

しかし、いまや名門ゴルフコースですら利用料金は下がった。会員権は暴落し、少し持ち直していたが、また最近下がった。２０００年代に多くのゴルフ場は破綻し、新しいシステムで運営されるようになったが、それ以後、ゴルフのプレイごとのフィーは1万円とか2万円という水準になった。価格水準が革命的に変わったのである。

これは供給サイドの産業構造が最もシンプルな例だ。供給は常につくられ、さらにそれは一旦つくられると固定される。しかし、それが崩されると、それまでの価格は無意味になる。ゴルフ場は典型例だ。

ここで一番重要なのは価格水準だ。

バブル期にはゴルフ場の実質的なプレイフィーはなぜあそこまで高かったのか。それはバブルだったから、ということでは済まない。本質は、一旦そういうものだと価格水準の概念が固まってしまうと、産業はそれを前提に動き出す、ということだ。小金井で3億取れるなら習志野だって2億取れるはずだ。そこで2億なら市原だって1億でいいはずだ。そうなると、1億円で会員権が売り出せるという前提で、産業は動き出す。価格はユーザーサイドが持つ価格イメージから、供給側のベンチマークとなり、それを前提に産業構造が構成されてしまう。

しかし、１億円というのは単なるユーザー側、消費者側のイメージからつくられた固定観念だ。根拠はない。一旦、これが破壊されてしまうと、妥当な価格水準というベンチマークはなく、とことん価格は下落してしまうのだ。

牛丼２８０円もバブル？

ゴルフ場は例外ではない。１９９０年までは、居酒屋でコースを頼むと３０００円からだった。小奇麗なところでは５０００円から。学生の居酒屋飲みでも１人３０００円という予算が最低ラインだった。合コンなら５０００円から。デートのフランス料理のフルコースは１人２万円から。普通は３万か５万。このような前提ですべての構造が出来上がっていった。フランス料理なら仕入れる材料が決まっていった。だから、料理人の腕に関係なく、単に高級食材を出すだけの店ばかりになったのである。

バブル時代の例ばかりだが、それに限らず、実は世の中のすべてのモノの価格とその背後の産業構造の関係は同様なのだ。消費者が一旦価格水準を固定概念として受け入れてしまうと、それを前提に産業構造が成立する。発展する。一旦確立された産業構造は変えられない。高コスト構造となる。

　テレビ局も同じだ。出演者にはハイヤーでの送り迎えが前提。楽屋には担当のＡＤがいて、カメラは３台で、テレビ局専用の高度なもの。使いこなせるカメラマンは限られているから人件費がかさむ。

　こういう常識、構造が出来上がってしまっているから、急にＣＭ収入がなくなっても対応できない。出演のギャラは５０００円まで下がったのに、ハイヤーの送り迎えつきのまま、という番組もある。送り迎えなしでその分ギャラを増やせばよいようなものだが、出演者が遅刻したり、忘れたりしないように、迎えは必ずハイヤーがつく。酷いときは、迎えは番組に遅れないようにハイヤー付だが、帰りは用済みなので、何もなし。テレビ局側の都合だ。スタジオにとにかく呼びつけるという構造が前提になっているので、コストは下がらない。

　インターネットテレビなら、家庭用のビデオカメラで誰でも撮影できて、コストは自由自在に調整できる。さらにあらゆるコスト（リスクも）を下げるなら、今なら出演者は自宅から全部Ｚｏｏｍあるいはスカイプで出演すればよいから、コストはさらに激減する。

　アパレルもそうだ。ブランド物のスーツは10万円と決まっていれば、それを前提に流通構造が決まる。流通で間に何社も挟まるのは10万円という値段が決まっているからだ。そして、一旦出来上がってしまうと、ユニクロなどのＳＰＡという製造小売一貫でやるところが出てくるまで変わらない。そして出てきても変えられず、倒産してしまう。

日本の最後の砦、自動車もそうなるだろう。これまでは製造工程が複雑であることを前提に下請け構造があり、人件費がかなり投入されてきた。しかし、車の最終価格が劇的に変わる、ユーザーが乗らないということになれば、車の価格は急低下するだろう。そして、ファッションステイタスとしての車以外の車は大都市では見なくなる、つまり消滅するだろう。

そうなのだ。構造的に高い価格が出来上がってしまった後に、消費者サイドの気まぐれ、あるいはなんらかのショックにより、その価格水準が変わってしまうと、対応がまったくできなくなり、崩壊してしまうのだ。だから、バブルなのである。

ここで、「逆」の例も興味深い。

牛丼は一杯２８０円の時代があった。吉野家が徹底的な効率化を推し進め、牛丼の一本足打法と言われながらも、圧倒的な安さと旨さを両立させ、他の牛丼チェーンを大きく引き離した。ところが、ＢＳＥ騒ぎというのが起き、効率化の鍵となる米国産牛肉が輸入できなくなり、このモデルは崩壊した。しかし、実は、その前からこのモデルは崩壊していたのだった。

なぜなら、２８０円でなければ成り立たないビジネスモデルとなっていたからである。店員の動きは徹底的に効率化され、１秒の無駄も許されなかった。客も早い旨い安いを徹底的に追求する中年ビジネスマンで溢れた。黙って食って去っていく。客の回転は極限まで早かった。牛丼以外のメニューは魅力の差がありすぎて誰も頼まなかった。だから、仕入れの無駄もなく、徹底的に牛丼に集中して生産システムがつくり上げられた。

しかし、ここで２８０円の前提が崩れたらどうなるのか。

すべては崩れる。それに吉野家自身が気づいていなかった。

実は、最初の事件は売れすぎたことだった。２８０円で旨い牛丼は人気になりすぎて、吉野家自身もまったく想定していなかった売り切れが続出したのだ。牛丼だけで回っているから売り切れはあり得ない。しかし、それが起きてしまった。当時の安部社長はそれで大いに反省したと語っているが、その表情は自慢げな反省であった。

しかし、とことん反省すべきだったのだ。いや反省しても遅かったのだ。

そこで、値上げをした。２８０円でもやっていけたが、あえて品切れを起こさないために値上げをした。ここからすべてが崩れ始める。

客は２８０円が忘れられず、３３０円でも高いと思うようになった。２８０円のセールにすると大行列ができるが、３３０円では客足が途絶えた。そのような混乱の中でのＢＳＥ事件だった。その後、いろいろ工夫するが、吉野家の栄光は戻ってこなかった。別の牛丼チェーン、ハンバーガー、立ち食いそば、激安中華チェーン、コンビニ、すべての業態に客を奪われていった。

マクドナルドも似たようなことを経験した。１９９８年以降、日本経済が不況に見舞われたときに、ハンバーガーを65円にした。その後も平日限定で２０００年以降65円を多用し、しかしそれで大きな混乱を引き起こし、80円に戻したり、59円に下げたり、価格設定は混迷を極めた。これは当時の経営者の個人的なインセンティブのためであったが、大混乱の結果は、15年から20年間にわたって後を引いた。ハンバーガーは見向きもされなくなり、ハンバーガーを捨てて、２００円以上の価格設定をしても売れる商品、販売モデルに全面的に切り替えることによって、ようやく立ち直ったのである。

今はハンバーガーは、１００円マックの名残で（税込みで１１０円であるが）、注意して見ないと気づかないぐらい、メニューのほとんど見えないところに残っているだけで、注文する人もほぼいない。マクドナルドのハンバーガーはほぼ消えたのである。

価格はほとんどバブル

原油に話を戻すと、原油が一旦１バレル１００ドルを超え、その後も70ドルから80ドルである程度安定的に推移するようになると、それを前提に産業構造がつくり変えられた。しかし、それが暴落で一旦崩れると、対応できないため、とことん下がってしまう。そして、今度は１バレル20〜30ドル前後で定着することになる。

一旦20〜30ドルで定着するとどうなるか。さらに、今回のように20ドル割れが頻繁に起こるようになるとどうなるか。もはや50ドルの世界には戻りにくくなるのである。50ドルを超えるぐらいなら別の手段を考えるように原油の消費者側は動くようになる可能性がある。

つまり、価格は高すぎても安すぎても、暴騰しても、暴落しても、産業側が対応できないために、原油自体の利用が低下する可能性が高いのである。しかも、もともとの価格付けというのは、たまたま決まった水準であるから、何か事件、ショックが起これば、その価格の支えはなくなり、大混乱に陥る可能性が高いのである。

原油のような必需品ですらそうであれば、牛丼やハンバーガーなど、別の食べ物でもよい、代替の利く商品であれば、なおさらそうだ。そして、世の中のほとんどすべてのモノ、サービスは何らかの代替が利くので、価格が崩れれば、その商品はすぐに消えてしまうのである。

まとめると、資産価格はすべてバブル、実物であることを根拠にした金融資産の価格は勿論バブル、さらに資源という実物そのものの価格もバブル。金融商品とは無関係のその他ほとんどすべてのモノやサービスの価格も実はバブル。たまたま決まった価格にあわせて、生産構造、産業構造が構成され、需要構造も決まってくる。そして、それが一旦崩れてしまうと、その商品、産業自体が存在しなくなる。

このような考え方を推し進めると、このコロナショックで、株価、原油価格だけでなく、世の中のすべてのモノの価格が変化し、すべての産業構造が変化し、世の中が大きく変わってしまうことになってしまう。

本当だろうか?

本当だとすれば、それはどのような領域や産業、商品で起こるのか。「無事」なところはあるのか?　バブルにならないモノ、サービスは存在するのか?　それはいったいどのようなモノなのか?

コロナ後の市場、経済、社会については、第6章で改めて議論したい。

第4章

日銀が行うべきは「新次元の金融政策」

——量的緩和は時代錯誤

「空前絶後」の経済対策

２０２０年６月12日、第二次補正予算が成立した。政府は新型コロナ対策予算として事業規模１１７兆円の対策を打ち出した。第一次補正予算でも事業規模１１７兆円の同額の対策を打ったから、安倍首相が自ら「空前絶後」の経済対策と銘打ったのも、あながち大袈裟ではなかった。

事業規模を膨らませて見せているとはいえ、直接の支出を伴う、いわゆる真水の部分でも本予算、第一次補正と合わせると、61・６兆円となり、壮絶に大規模な財政出動だ。この結果、本予算、第一次補正、第二次補正を合わせた２０２０年度の国の歳出は１６０兆円を超え、２０１９年度の歳出が初の１００兆円超えの１０１兆円で大騒ぎになっていたぐらいだから、前代未聞であることは間違いがない。

しかし、こんな財政出動は要らない。

要らないどころか、日本を破滅に追い込む最悪の出動だ。

なぜなら、マクロ経済全体では、コロナショックにより、需要不足は問題となっていないからだ。

理由は３つ。

第1に、ストックは何も傷んでいない。東日本大震災と異なり、物理的な設備、農地などストック資産、生産要素となる資本は何も傷んでいない。生産する気になればすぐに生産できる。したがって、供給制約はなく、経済全体のインフレは起きない。

第2に、金融資産が失われたわけではない。バブルに乗って無駄な投資をしてしまったわけでも、無駄に消費してしまったこともない。だから、金融資産は残っている。実際、株価は一時暴落したが、コロナショック以前の水準を上回り、米国ダウ、ナスダックは史上最高値を更新した。

第3に、より重要なのは、金融機関が直接傷んではいないことだ。今後、個別の企業が倒産することなどにより、貸付債権の劣化が進む可能性はあるが、金融機関がバブルに投資して、資本を毀損したわけではなく、コロナショックで直接影響を受けていないセクターにまで、貸し渋りを通じて不況が波及する可能性はない。

次に、需要はむしろ過熱する。理由は3つ。

第1に、財政出動が前代未聞、安倍首相の言う「空前絶後」の規模で出される。トータルでの需要消失はリーマンショックなどを大きく下回るはずだが、対策はそれ以上。したがって過熱する。

第2に、失われた需要は、すでに過去のもの。実生活では直近の自粛経済イメージが残っており、データは過去のものが出てくるから、コロナショックのインパクトを過大に感じるが、前代未聞なのは過去3カ月だけ。それは終わった。これからは需要が戻ってくる。足元の需要はほぼ失われていない。

第3に、これまで自粛、我慢していた需要が一気に（分野によっては徐々に）出てくる。この3カ月の自粛していた需要が出てくるから、通常の需要とあわせれば、需要は過熱する。

次は生産サイドを見てみよう。こちらも何も失われていない。これこそ、危機的な不況においては前代未聞の出来事だ。前に述べたように、生産設備は何も傷んでいない。金融資本も生産資本であるから、こちらも傷んでいない。だから、何も変化がない。

つまり、需要、供給、両サイド何も傷んでいないのである。したがって、通常の経済に戻るはずである。しかも直ちに戻る。それどころか、過熱リスクすらある。

不要不急は不要

しかし、これは世の中の全員の意見と逆である。

なぜか。

世の中の人々は何かを過大に危惧し、私はそれを軽視しすぎているからである。それは、人々の不安心理であり、それによる行動制約である。この結果、消費が控えられ、生産も制約が生まれる。この３カ月のショックのトラウマがもっともひどいのが官邸であり、その次が消費者である。生産サイドはトラウマはないが、消費者がどこまで不安がっているのかが不安で、腰が引けている。工場で間隔を空けないと、というのは工夫次第で何とかなるし、レストランで間隔を取るからキャパシティが減るのは、一部の特定分野での出来事であり、供給サイドの心配は全体としては要らない。しかし、不安な消費者がどう行動するかは読めずに不安だ。それだけだ。

したがって、経済対策としては、この人々の不安心理をどう捉え、その変化をどう予測するかによって変わってくる。これこそが政策議論の前提条件として最重要な要素である。そこで、私の見方を簡単に述べる。

当たり前だが、人々は忘れないことと忘れることがある。コロナの恐怖は目に見えない不便な恐怖であり、未知と誤解と世間の雰囲気に大きく影響されているから、大きく振れるものとなる。したがって、私は、多くの部分において人々は忘れてしまい、不便であるからもうコロナは終わったことにしてしまおうと思いたがり、実際そう思って行動することになるだろうと予想する。したがって、買い物、飲食、娯楽はおおむね戻る。人々は不便には耐えられないはずだ。

一方、不要不急のものを自粛していたわけだが、不急だが必要と思っていたが、実は単に不要であることに気づいたことも数多くある。今後は、今年に限らず海外旅行は一部の人を除いてはあえて行くこともないし、近場の観光が中心となるだろう。さらに、よく考えれば、そもそも観光というものは不要と思われ、体験、遊びで十分となろう。むしろ、そちらの方が断然おもしろい。テーマパークには人が殺到するし、しばらく経てば温泉も人は戻るだろうが、いわゆる観光は激減するだろう。

夜の店というのも、パチンコと一緒で、中毒の人々には必需品だから、自粛の反動で戻り需要が殺到するが、つき合いで行っていたり、なんとなく行っていた人は行かなくなるだろう。たとえば、キャバクラであれば、一人で通いつめる需要はなくならず、むしろ自粛明けで殺到するが、大勢で楽しく飲みに行くという需要は激減し、家飲みや合コンなどで代替されるだろう。

要約すれば、通常に戻るところはとことん通常に戻り、戻らないところは、何をやっても戻らない、という消費スタイルになるだろう。

企業ではなく人を守る

さて、そうすると経済対策として何が必要か。

まず、休業補償の流れで、再開しても売り上げが激減したままの中小企業への給付金に代表される、様々な売り上げ補填のための現金給付の措置はどうすべきか。これらは不要であり、まったく役に立たないから、全廃するべきである。

なぜなら、緊急事態宣言が解除されても売り上げが戻らないビジネスは、時間が経っても大きくは回復しないからである。前述のように、消費者の行動が変わってしまったことによってそのビジネスが成り立たなくなったものもあるが、多くは、もともと構造的に現在の消費者を捉えられておらず、苦しかったところへ、コロナショックの3カ月の売り上げ消失が止めを刺した、あるいは、消費者の行動変化が止めを刺したのである。

これらのビジネスは、どうやっても売り上げは戻らない。冷たいとか可哀そうという感情がどうであれ、そのビジネスに支援するのは無駄である。守るべきは、持続不可能なビジネスではなく、そこでの働き手である。経営者であれ、従業員であれ、彼らの生活を守る。次の就業機会を助ける。したがって、失業保険的なものを充実させる。

一方、持続化給付金は即座に終了する。持続性のないビジネスに持続化給付金はおかしい。その代わりに、資金繰り支援融資は充実拡大する。返済期限はできるだけ延ばすが、返済免除には当然しない。継続できる、する気力のあるビジネス、経営者を徹底的に全面支援し、そうでない経営者には退場してもらうことになる。

実際、東京商工リサーチのデータによれば、新型コロナによる直接的な影響による倒産は5月29日までで１９２社に過ぎない。一方、２０１９年の休廃業、倒産の合計は約４万件だが、２０２０年には約５万件に増えると推計している。そして２０１９年の休廃業と解散した企業の代表者は84％が60歳以上で、39％が70歳代だった。東京商工リサーチによれば、２０２０年の休廃業や解散の理由の多くは、高齢化した経営者の廃業への決断をコロナが後押ししたと分析している。

２０２０年5月31日の日本経済新聞の報道では、高齢の経営者は「借り入れや保証融資を受けても返済が心配で、事業を続ける意欲がない。デジタル対応も難しい」と弁護士がインタビューに答えている。東京商工リサーチは、「新型コロナがもたらす変化に対応するには投資が必要だが、弱っている中小企業はそれができない」と分析している。

このように、新型コロナショックで廃業といっても、もともと廃業することが見込まれていた企業の決断が早まったケースが大半であり、持続化給付金が切れれば廃業してしまうのであれば、持続化給付金は意味がなく、その予算を失業手当と意欲のある企業への支援にすべて回すべきである。

整理しよう。マクロとしての需要喚起策は不要。持続化給付金も不要。企業、産業、ビジネスモデルの新陳代謝を促す政策を最優先にするべきで、それは無理に補助金をつけるよりは、意欲のある、自ら変化する、時代に対応する意欲のある経営者のいる企業を支援するということで、徹底的に融資で支援する政策に資金を集中させるべきである。

弱い中小企業に対しては、企業を救うのではなく、働き手を救う。それが基本方針である。

大企業ではなく人と経済を守る

次に、観光業に代表される、コロナ不況に直面している業種ごとへの対応、産業政策はどうするべきであろうか。

これも中小企業対策と考え方は同一である。行動制限がなくなっても、需要が出てこないのは、一時的な萎縮によるものではなく、新しい現実である。これを萎縮と呼ぶなら、この萎縮は長期に継続するであろう。したがって、観光消費を刺激するような、補助金、給付金は無駄であり、中止するべきである。もちろん、「ＧｏＴｏ」キャンペーンは即中止だ。

観光業で生き残るのは、新しい現実（本当は新しくもなんでもない、21世紀の感染症の真実に気づいただけ、かつ、真の消費の価値に気づいただけなのだが）に対応できる企業だけであり、そのような企業に対しては、継続的な支援を行う。金銭的には融資の支援が中心になるが、人材育成への補助などもミクロ的な政策としては有効であろう。カネと人を、やる気があり、かつ真に人々に求められるサービスを供給できる経営者の下に集める。

次に、大企業はどうであろうか。

米国では大企業の倒産が相次いでいる。シェールオイル、シェールガス関連の企業は、もともと厳しい情勢だったが、原油が急落し、リスクの高いファイナンスを多額にしていたので、借り換えの資金調達ができず、破綻した企業が中堅に多数ある。大企業でもホワイティング・ペトロリアムが4月に破綻した。

さらに、高級百貨店ニーマン・マーカス、大手商業施設ＪＣペニー、アパレル大手Ｊ・クルー、ブルックス・ブラザーズ、レンタカー大手ハーツはいずれも破綻した。さらに、航空機製造ボーイングが危機に陥ると言われており、エアラインはすべて危機と言われている。当初、株価の暴落をチャンスと見た、著名投資家ウォーレン・バフェット氏率いる米バークシャー・ハサウェイは、2月にはデルタ航空を買い増ししたが、5月初頭の株主総会では、デルタ航空を含む保有する米国大手エアライン４社の株式をすべて売却したと表明した。

日本でも、アパレル大手レナウンが民事再生法を申請した。日本のアパレルも危機であり、百貨店なども厳しいのではないかと言われ、日本のエアラインＡＮＡは多額の資金調達に奔走した。

日本における大企業支援はどうあるべきか。

結論から言うと、資金繰り支援は最大限行う。一方、雇用に関しては、休業補償により失業を出さずに企業内にとどめる、というやり方はやめて、失業対策を徹底的に準備して、リストラへの対応や、倒産した場合への備えに集中すべきと考える。

理由は、米国においても、日本においても、大企業の倒産は、すべて構造不況によるもので、コロナショックは止めになったに過ぎない、ということが中小企業のケースよりもより鮮明に現れているからである。

大企業で立ち行かなくなる分野は、今後も衰退あるいは低迷する分野、あるいは頭打ちで拡大はあり得ない業種である。したがって、今、雇用を一時的に支えても、リストラはタイミングだけの問題である。いつかは必ず起こる。したがって、企業内失業という形で企業に抱え込ませず、新しい産業や企業への移転を促進するべきである。

ただし、もちろん、個別企業の事情や見通しがあるから、ここを凌いで、今後再び拡大路線に行く、という決断をしている企業へは全面的に支援を行うべきである。雇用調整助成金といった雇用に絞ったものではなく、銀行からの金融支援を最大限手厚くすることで、企業の資金支出先を固定化せずに支援するべきである。今後の戦略に向けて、柔軟な戦略意思決定を支援するためである。

コロナ以前の観光はバブルだった

個別の産業について触れると、コロナショックでもっとも大きな影響を受け、今後も受け続けるのがエアライン産業である。エアラインの救済は常に難しい問題である。しかも、エアラインは交通インフラであり、公共性が高い。しかし、一方で、競争が激しく、特に国際線に関しては、代替が利くという意味では、個別の企業を公的に救済する必要性が常に議論される分野である。

しかし、多くのエアラインの破綻の根本的な原因は、やはり個別の企業のこれまでの経営にあり、名門のタイ国際航空も破綻したが、コロナは最後の止めに過ぎないし、米国エアラインもコロナと関係なく過去に何度も破綻を繰り返している業界である。したがって、日本においても、大企業支援として取り組むが、あくまで民間企業として扱うべきであり、公共性を考慮に入れるとしても、それがほかの大企業への支援と異なってはいけない。

コロナショックの影響を大きく受けたもう一つの業界、観光業に関しては、注意すべきことがある。この7年は、アベノミクスの主役として、経済成長戦略としての観光業が推進されてきたが、これによる需要急増の大部分はバブルであったということである。不要不急のどちらにも当てはまる、余暇としての遊びであった。海外から呼び込んだブームに乗った観光客は、一度経験すればそれで満足してしまう。新しい国際間の移動制限、制約の下では、多くの人々に不要と思われ、二度とあのようなバブル観光客が戻ることはないだろう。そうではなく、日常につながる、地に足の着いた、滞在、留学、移住を中心として政策を考えるべきである。

この議論は、観光業にとどまらず重要である。なぜかというと、コロナと無関係に、ＧＤＰの水準は、コロナショックが起きる前からは低下すると見込まれるからだ。

理由は2つ。第1に、２０１２年から景気拡大が7年以上続き、景気はさすがにピークアウトのタイミングを迎えていたこと。第2に、金融緩和による大規模な金融バブルが起きており、その影響で、実体経済もバブル的に過大に膨らんでいたこと。

いわゆる爆買いというのもバブルで一過性のものだが、それ以外にも過度な円安で日本製品やサービスの需要が過大になっていた分野は多い。異次元の金融緩和でマネーが金融市場に溢れ、異常な低金利で、株式や不動産がバブルになり、その余波の消費も多かった。これらにより、実体経済も実力以上のGDP水準となっていた。このバブルによって膨らんだ部分を経済成長と呼んでいたにすぎない。この部分は、当然剥げ落ちる。したがって、コロナショック後、経済が通常の状態に戻っても、コロナショック前のGDP水準には戻らない。

問題は、これをコロナショックによる需要の減少と勘違いして（確信犯的にそう主張して）、GDP水準がコロナショック前に戻るように、需要喚起策を大規模に長期間継続する政治的な誘因があることだ。この影響は多大かつ深刻で、財政出動によって経済が過熱し、長期的な経済基盤を弱体化させることになる。

まとめると、コロナショックによる需要減少を過大評価するだけでなく、コロナショック前のバブル的な経済状態の再来を無理に追い求めることにより、景気刺激策、需要喚起策が長期にわたって過大であり続けるという重大な危機に、現在直面している。ないものを追い求め、経済を行き詰まらせるリスクが高いのである。

金融政策の抜本的変更

ここまで、コロナショックに対する景気刺激策、マクロの需要喚起策は不要であり、無効であることを述べた。

次に、金融政策はどうか。

同じである。需要刺激策としての金融政策は不要である。

では、代わりに何をするか。

まず、長期国債の買い入れであるが、これも本来は不要である。

そもそもの国債買い入れの目的は、金利を低下させることであるが、本来であれば、これは短期金利のコントロールのための手段である。それゆえ、伝統的には世界中の中央銀行は、長期国債を買い入れることはせず、超短期のコール市場の金利のコントロールの補助として、短期国債だけを買い入れてきたのである。むしろ、「買い入れ」と呼ぶのでなく、本来の呼び方である「オペ（オペレーションの略）」という言葉がふさわしい。

しかし、リーマンショック以降、世界では量的緩和が長期国債の買い入れを意味するものとして定着してしまった（２００１年に日銀が量的緩和を始めたときの「量」とは民間銀行の日銀への当座預金の量であり、長期国債の買い入れとは無関係である）。

ただ、長期国債の買い入れは実弾を打ち込むようなものだから現実の金融市場への効果は強力だ。さらに、民間投資活動への直接的な影響は長期金利によるものだから、これに直接働きかけることになる。よって、長期国債を買い入れる「量的緩和」は、短期金利をコントロールして長期金利に間接的に影響を与えるという伝統的な金融政策を超える絶大な力を持った。

しかし、日銀は、この強力な手段も使い果たしてしまい、長期金利を直接目標にして金利のコントロールを図る「イールドカーブコントロール」に移行した。これは、10年物の金利をゼロとするものであり、長期金利低下効果（上昇させる場合も今後あり得るから正確な用語としてはターゲット効果）はさらにより直接的である。

実は、長期金利をターゲットとすることは長期国債の買い入れ目標額の設定とは矛盾があった。買い入れ額と金利の２つのターゲットがあるのは両立し得ないからだ。この矛盾は、今回コロナショック対応として、買い入れ額を年間80兆円から無制限に変更したことで、図らずも解消した。その結果、現在は10年物国債の利回りをゼロ付近に保つという目標と長期国債の買い入れ額は無制限とする、という２つの長期国債に関する政策、そして、短期金利はマイナス０・１％というマイナス金利政策の３つが軸となっている。

これを今後どうしていくべきか。私の提案を以下に述べる。

基本的な考え方を変えるべきである。金融政策の目標を量でもなく、金利でもなく「リスク」に設定する。リスクを減らすことを新たな目標として設定するのだ。

そのために、具体的にはどうするか。

まず、マイナス金利は無用の長物なので、廃止する。金融機関にとって今後の最大のリスクは、直接であれ、間接であれ、コロナショックにより、不良債権が増加することである。これに備えて銀行は資本を厚くする必要があるが、マイナス金利は害でしかない。もともと効果がなく、弊害だけしかなかったので、この際、廃止する。

次に、長期金利ターゲットのゼロ%付近という目標は維持する。

金融政策として本質的な意味を持つ長期金利を直接コントロールするものであり、これは変えない。人々の将来に対する予想がもっとも不安定な現在、一番重要な長期金利の目標を変更することは適切でなく、リスクを高めるだけである。これは維持する。

一方、長期国債買い入れ額無制限という目標は変更する。「無制限」ではなく「量は特定しない」と変更する。同じように見えるが、この政策の実質的な意味が変わる。この文言変更がなければ日本は破綻する。金融政策にとどまらず、現在の日本における、すべての経済政策の中で、「無制限」国債購入こそがもっともリスクの高いものだからだ。

財政ファイナンスはすでに始まっている

なぜか。

「無制限」という言葉は、額を特定しないという意味だが、「額を決めない」という言葉とはまったく異なった意味の「無限」と誤解される、または、確信犯的に解釈されるものだからである。

財政ファイナンスとは、政府の借金を直接、中央銀行が引き受けることであり、絶対にやってはいけないこととされてきた。しかし、世界中で、それはすでに始まっている。インドネシアは緊急措置としつつも、中央銀行が政府国債を直接引き受けることを認めた。他の国では、各中央銀行が、財政ファイナンスではないと強調しつつも、実質的な引き受けを行い始めた。たとえば、日銀は、政府の発行する国債の新発市場において、円滑な取引が行われるよう全力を挙げる、というような趣旨の説明をしている。財政ファイナンスそのものだ。また、米国ＦＥＤの国債保有残高は、連邦政府の国債発行額に連動してスカイロケットのように急激に増えている。実質的には、財政ファイナンスを米国も日本も行っているのは誰の目にも明らかであり、建前として否定しているだけ、という状況だ。

問題は、それが長期にわたるのか、それともコロナショックに対する緊急避難的な一時的なものにとどまるのか、ということだ。

米国はメリハリが利いているから、建前を捨てる勢いで、実質的に財政ファイナンスになってもいいから全力で買い支える、しかし、タイミングが来たらすぐに止めるというスタンスだろう。

一方、日本は、これまでも、財政ファイナンスではないと強く否定していながら、政府の政策、意向に合わせて、大量の国債購入を続けてきただけでなく、それを加速度的に拡大してきた。建前はかろうじて守られているものの、この7年間、実質財政ファイナンスを行ってきた。景気がよくなっても、出口には向かわず、国債保有残高を増やし続けた。

この経緯からすると、財政出動の規模が米国政府よりも日本政府のほうが小さいことから、日銀は、とりあえず、実質的な財政ファイナンスであると半ば認めたような米国ＦＥＤのようなスタンスはとらないだろう。しかし、いやだからこそ、なし崩し的に政府に押し込まれる可能性が高い。明確な説明をしないまま、建前は財政ファイナンスでないと言い続けながら、政府の財政政策の言いなりになって無限に国債を買い続ける可能性もある。

実際、ＭＭＴ（Modern Monetary Theory）という世界的には眉唾物の経済理論が日本では注目を集めている。さらに悪いことに、ＭＭＴに誤った拡大解釈を加え、インフレにならなければ、いくらでも財政赤字は増えてかまわない、それどころかインフレにならないのだから、財政赤字を増やさなければならない、という暴論が日本では蔓延している。さらにこのような論調が力を増している雰囲気が、ネット論壇（そういうものが存在するとすれば）に見られる。しかも、コロナ対策として、とにかく何でも金を配れ、という雰囲気があることから、今まで以上に歯止めが利かなくなる恐れがある。

中央銀行は財政政策に乗っとられつつある。

この結果、確実に財政破綻は起きる。日本経済と日本社会は真の危機に陥る。これが、現在の日本における最大のリスクである。このリスクシナリオは、ほぼ実現しつつある。もはや手遅れに近いが、最後の望みをかけて、「無制限」の国債購入という文言を変更するしかない。「無制限」ではなく、国債購入の方針として、「量の明示はしない」という見解を公式に発表する。それが現在の日銀の最優先課題であり、唯一できることだ。

量の3つの害

この文言変更は、論理的には非常に明快だ。イールドカーブコントロールにより長期金利をゼロに固定する目標があるのだから、量はそれに応じて結果として決まってくる。数値目標があるのはおかしい。無理である。目安を設けることですら、必ず矛盾が生じることになるので、混乱するリスクを増やすことになる。イールドカーブコントロールだけに名実ともに一本化します、と宣言すればよい。

「コロナショックが連鎖的な倒産を招き、危機が拡大したらどうするのか」という質問にも、「まさにそのときは量のターゲットは関係ない。10年物の利回りをゼロにするまでとことん買い入れるのです」と答えるだけのことだ。

むしろ逆側からの質問があるだろう。「これはそのとおりだが、それではほとんど変化がない、実質的に現状から変更なしと言ってもよいのではないか」という疑問だ。

本音ベースの回答を実際の日銀総裁ができるかは難しいところだが、要は、無制限の買い入れというイメージを払拭し、財政ファイナンスはしない、という建前を再度前面に押し出す、ということである。

ただし、建前の確立に成功したとしても、政府の要求や世論（エコノミストを含む）からの圧力により、現実には、実質財政ファイナンスに陥る可能性も十分にある。しかし、それは残念だが仕方がない。無制限を残したままでは抵抗もできず、正論として議論することもできず、ただ財政ファイナンスになってしまうし、このリスクシナリオの実現可能性も高くなってしまうだろう。そのリスクを少しでも抑えるために「建前」という防御壁をつくり直すということだ。

さて、ここでさらに議論したいのは、もっと理論的なことだ。

それは、「量的緩和」を現実の政策として止めるだけでなく、理論的にも廃止するべきだ、ということである。すなわち、金融政策において、「量」という概念を消去することである。「量的緩和」および「量」というターゲットすべてを撲滅するということである。

なぜか。

間違っているからだ。

そもそも、経済学の教科書では、金融政策に関して量をターゲットにしたものは出てこない。すべて金利だ。中央銀行の金融政策とは、金利を上げ下げするものである。さらに、実体経済に影響するのは、金利だけだ。したがって、20世紀にはいわずもがなであったのだが、金融政策とは金利を動かす政策なのである。

量的緩和を日本銀行が２００１年に発明してしまったため、話がややこしくなったが、やはりこれは理論的には誤りで、今回を契機に、根本からすべて廃止するべきである。

私の主張は、数学的には間違いだと言われるだろう。なぜなら、数式だけを見れば、手段が金利であれ、マネーの量であれ、資金の需給で金利が決まるのであれば、金利を操作変数かつ直接ターゲットにするのと、資金量を操作変数として金利をターゲットにするのと結果は同じだからだ。しかし、狭い意味での理論、数式モデルの上ではそうだが、現実の金融市場と金融政策の関係から行くと、量を操作変数またはターゲットとすることは、大きな害をもたらす。

量をターゲットとすることで、生じる害悪は3つある。

第1に、貨幣数量説が当てはまるかのような錯覚を生み出すことだ。

実は、むしろ逆に、錯覚させることが金融政策の狙いのひとつである、と経済学の教科書には書いてある。つまり、金融緩和をしたところで、経済主体はそれを予想して行動を変えてしまうから、効果はないはずだ。もし効果があるとすれば、経済主体が貨幣錯覚に陥って、目の前の価格変化にだけ気を取られて（たとえば給料の上昇）、経済全体の物価水準も上昇して、実質所得は変化していないことに気づかない場合だけだ。金融政策が効果があるとすると、この貨幣錯覚しかない、というような文脈で語られる。つまり、貨幣錯覚を狙って金融政策をするというのは理論的にはあり得る。

しかし、現実には、これは害悪でしかない。市場と経済にリスクをもたらすだけの政策となってしまう。なぜなら、錯覚を起こそうとしても、起こせるかどうか不確実であり、さらに問題なのは、起こしたい錯覚は起こせず、起こしたくない錯覚が制御できないほどに起きてしまう可能性があるからだ。

端的な例で言えば、異次元緩和においては、実体経済において貨幣錯覚を起こし、物価水準を上昇させたかったわけであるが、人々の消費行動は変化しなかった。一方、資産市場では錯覚は起こる必要はなかったのだが、量的緩和の拡大ということがマネーが市場にあふれるという想像を膨らませ、リスク資産価格が急上昇した。

これは株価と地価を上げるために金融緩和をしたのなら、成功ということになる。しかし、実体経済に物価を通じて影響を与えようとしたのだとすると失敗である。資産価格が金融緩和によって上がり始めると、供給したマネーは上昇の流れのできたリスク資産市場に回ってしまうからだ。要は、バブルの流れができてしまうと、その後の金融緩和はすべてバブルを膨らませるほうへ向かってしまうからである。

誠実な中央銀行はバブルを起こさないように努めるから、これは失敗である。政府の圧力で株価上昇のために金融政策を行ったのであれば（アベノミクスやトランプ政策はその可能性が大きいが）、中央銀行としては、政府の圧力に屈し、独立性を自ら放棄するものであり、将来の金融政策に対して禍根を残すことになるから、大失敗である。

インフレは起きないし、起こせない

第2の害悪は、資産バブルリスクとも関係するが、「期待に働きかける」というアプローチは危険であることだ。期待にアプローチする手法は、論理的にも望ましくない。市場の現実としても政策運営の考え方としても、リスクが大きすぎる。

日銀の異次元緩和においては、インフレ期待を起こすことによって実体経済における現実のインフレを起こそうとした。しかし、実際には、現実のインフレが起こせないどころか、インフレ期待すら高めることはできなかった。前代未聞の国債買い入れ、株式の大量購入を行ってもだ。

理由は簡単で、インフレ期待がどのように起きるか、日銀にも誰にもわかっていないからである。中央銀行がインフレを起こす、あるいはインフレが起きるまで金融緩和を続ける、という呪文を唱えると、人々は催眠術にかかったかのように、物価が上がると信じ込むはずだ、ということを、冗談ではなく、日銀は本気で信じていたようだ。それは黒田総裁だけでなく、米国の著名経済学者たちもそうだったから、こちら普通の人間としては驚くばかりであったが、普通の感覚がない人たちには、普通の世界で何が起こるのかわからないのだろう。

まず、経済学にも、現実の社会の有識者たちにも、インフレそのものの生成構造が全くわかっていない。マクロの構造が誰にもわからないのであれば、ミクロに生きる個々の経済主体にはわかりようがない。個々の経済主体はどうインフレが起こるかわからないのだから、自分のインフレ期待など持ちようがない。個々の経済主体本人がどのようにインフレに対して期待を形成するかわからないのだから、外からマクロ的に見る学者にはさらに謎でしかない。本人たちもわからないし、学者もわからないし、背景となる構造もわからないし、何もわからないなかで、中央銀行がインフレを起こします、と宣言するのは狂気の沙汰だ。それなのに中央銀行のインフレ宣言で、それを人々が信じて、インフレが起きる前提で行動し、さらに、その行動がインフレを実際に起こす、と考えるのはどうかしている。

期待に働きかけるアプローチは効果がゼロであり、一方、大きなマイナスの作用がある。人々が混乱する。期待を動かせると期待させることにより、混乱が広がる。混乱に乗じて、乱高下で儲ける投機家たちが資産市場を荒らす。最悪である。異次元緩和は副作用があり、コストがかかる政策であるにもかかわらず、効果はゼロで、最悪だ。そして、さらに投機家による資産市場の不安定化という最大の害も生じさせ、最悪の二乗だ。

量をターゲットにすることの第3の害は、インフレが最終的な目標であるような誤解を与えることだ。金利がターゲットであれば、金利がコントロールできていればよい、ということになる。金利をターゲットにするのが直接的な目的であるし、手段も持っているということで何の紛れも誤解も生じない。

ところが、国債の買い入れ量をターゲットにして、それにより金利をコントロールするのを目的とするのは、回りくどすぎる。そんな複雑なことをあえてやる必要はないはずで、何か別の目的があるはずだ、ということになる。デフレ脱却、物価上昇ということを強調しすぎたことと相まって、国債の買い入れ量をターゲットにして、物価を引き上げるということが最終目標のようなイメージが形成されてしまった、という大きな害が生じている。

実際、メディアやエコノミストの議論も、インフレを日銀が起こせないという点での日銀批判に異次元緩和の最初の5年は終始してしまった。黒田総裁が二期目になって、ようやくインフレを起こすのは不可能、夢物語、最初から虚構だった、いずれの解釈をとるにせよ、要は、インフレは起こせないし、起きないし、そしてそれは重要でない、というコンセンサスが確立した。そうなると、量を買い入れる、ということの効果は、物価ではなく、資産市場へ金が流れ込むかどうかということになり、株式市場の材料にだけされることになった。まったく金融政策として意味がなく、資産バブルをつくるだけのものになってしまったのである。

これと同様に、株式とＪ－ＲＥＩＴの買い入れも、資産市場のリスクを増やすだけのもので、金融政策としては誤りである。日銀の説明としては、リスクプレミアムに働きかけるということだが、目的が物価にせよ、需要喚起にせよ、株式市場のリスクプレミアムに働きかけても意味はない。実体経済は動かない。なぜなら、株式市場のリスクプレミアムの縮小で実体経済におけるリスクの高い設備投資、新しい事業への参入が起きるという因果関係は成立しないからだ。

現実を見ても、株式を日銀が購入することで、直接的に株価が上昇するきっかけはつくったが、これが実体経済にどのように影響したかは、議論は分かれている。

理論的に議論してみよう。まず、個人投資家のキャピタルゲイン、あるいは株式含み益による資産効果で、個人消費が増えるというルートがある。しかし、これは将来株価が下落してしまえば、逆資産効果が働くことになるため、効果としてはニュートラルである。日銀の買い入れにより株価を押し上げるのであれば、永遠に買い続ける必要があり、それは不可能である。

次に、企業の投資が積極的になるという効果がある。ただし、米国の研究でもわかっていることだが、株価上昇に対して、実物の設備投資を増やすのは、株価と設備投資が従来から連動していた企業に限られる。あるいは、実物投資のための資金調達を主に株式で行っている企業に限られる。しかし、このような企業は日本においては極めて少ない。ほとんどが銀行借り入れか社債または自己資金である。

唯一、効果が認められるのは、企業買収（Ｍ＆Ａ）である。株価が高くなると、株式交換での企業買収が容易になるので、より積極的になる。これは実際に影響があったように見受けられる。ただし、日本市場だけではジリ貧というムードにより海外企業の買収にあせって参入した企業も多く見られたので、一長一短とも言える。

新次元の金融緩和

総括すると、日銀による株式およびＪ－ＲＥＩＴの買い入れは、資産市場の価格を直接押し上げる効果を狙っていない限り、実体経済に対する政策としては意味がない。一方、株価対策の政策としては短期的には成功したと言える。ただし、金融政策でそれをやるべきかどうかはかなり疑問で、かつ長期的にはリスクが大きい。

今の問題は、今後いつ止めるか、ということに尽きる。

株式は国債と違って満期がないため、どこかで売却しないといけないので、いつ売るかということが最重要だが、まずはいつ買い入れをやめるべきかだ。

今しかない。

国債買い入れ額の量的な目標の撤廃と合わせて、こちらも量の目標を撤廃して「量は明示しない」とする。
なぜなら、株式買い入れのもともとの目的は「リスクプレミアムの低下」を促すことにあるから、量はもともとターゲットとして意味がないからだ。この観点からいくと、国債買い入れにおける「金利」ターゲットと買い入れ額との関係と、株式買い入れにおけるリスクプレミアムと株式買い入れ額との関係は、並列的である。すなわち、買い入れ額の目標はリスクプレミアムの水準の目標とは両立し得ず、矛盾が生じることになる。したがって、株式購入額の目標の方を落とし、本来の目的であるリスクプレミアムの低下という直接的なターゲットに一本化するのである。

すなわち、リスクプレミアムが高まったら、それに働きかけるために買い入れを行う。それ以外のときには買わない。そのような株式買入ルールをつくるのだ。

こうなると、暴落のときの最後の買い手としての出動となり、中央銀行というよりは、まさに政府ファンドによるＰＫＯ（株価維持政策）になってしまうが、リスクプレミアムの低下を促すという目的からすれば、８兆円買い入れるという量の目処を設定するよりははるかに正論に近い。

ここに、日銀の金融政策は大きく転換する。

「量」をすべて廃棄するのである。「量的緩和」を廃棄し、量的・質的金融緩和から、普通の金融緩和に戻るのである。量という目標が異常であるから、あえて量的・質的と言わなければいけなかったが、量がなくなれば、それはもちろん質的に金融政策を見るのであるから、「質的」という言葉は言わずもがな、要らないのである。

　これは原点回帰である。しかし、21世紀の日銀の政策としては、大転換である。量を捨てて、金利という価格に戻る。インフレ、物価は指標であり参照点にすぎない。金利とリスクプレミアムを直接のターゲットとするのである。

　これこそが、単なる出口戦略にとどまらない、「新しい日常」の金融市場と経済に対応する、新次元の金融政策である。

金融政策は資産市場もターゲットに

　実は、これを新次元と呼んだのは、量から金利（価格）に戻る原点回帰に留まらない、大きな転換があるからである。

　それは、資産市場を明示的に金融政策の直接の対象とすることである。

　これまで各中央銀行はこれを慎重に排除してきた。

日銀はリスクプレミアムを低下させると主張して、株式の買い入れを正当化した。そのリスクプレミアムとは、建前上は実体経済の設備投資などの実物投資に関するものであったはずだ。実際には、株式市場のリスクプレミアムを低下させるだけだったし、最初からそれが目的だったとしか考えられない。要は、株価引き上げのための金融政策だった。

そして、株価が日経平均８０００円とか９０００円という水準なら、株式市場がリスクの価格付けに関して機能不全に陥っていると言えなくもないし、大暴落から乱高下が続いているようなら、市場のリスクプレミアムが高まっているから、金融市場の安定化のためというような議論もぎりぎり建前としては成り立つ。しかし、現在のように混乱もなく、日経平均が２万円前後あるいはそれ以上であるような状態での株式買い入れの正当化はまったくできないし、いかなる建前も成り立たない。

中央銀行の役割には、金融政策以外に、金融システムの安定、というもうひとつの柱がある。これにより、金融機関の健全性、機能不全の解消、また金融市場の安定性、機能不全の解消を図る。金融危機の際には、こちらが最優先される。最重要でダイナミックな役割だ。

米国ＦＥＤは、国債等の買入れプログラムのことを「量的緩和」とは呼ばず「バランスシートポリシー」と名付けている。中央銀行自身の資本を用い自らリスクを負って、国債を含むリスク資産を買い入れる政策であり、金融システムの安定のための例外的な危機対応と位置付けている。

今回のコロナ危機に対して、ＦＥＤは大量に社債を買い入れることを宣言した。さらに以前はトリプルＢ以上の投資適格に格付されていたが、コロナショックにより投資不適格に格下げされてしまった通称「堕天使債」までも買い入れることを示唆して、金融市場の安定化を図った。リスク資産市場である債券市場で、大きなリスクを取って買い入れを行い、リスク資産市場に直接働きかけているが、危機対応という建前を忠実に守っている。

しかし、日銀においては、あいまいな理由付けの下で、長期国債の買い入れが20世紀から恒常的に行われてきた。しかし、日銀券ルール（日本銀行の内部規定の通称で、銀行券ルールとも言われる。日本銀行が保有する長期国債の残高を日本銀行券の流通残高以下に収めるという政策上の自主ルール）の下で、極めて慎重に、中央銀行としての罪悪感を持ちながら日銀は行ってきた。しかし、この歯止めを外したのが、異次元緩和であり、それにより国債を無制限に買い入れることへの道筋ができてしまった（少なくとも阻むものはなくなった）。

これは危機対応としてならば、「あり」だ。リーマンショック後、あるいは日本では１９９８年の金融危機後、金融システム安定のために必要であれば、短期に限定されたものであれば理解しうる。

しかし、異次元緩和においては、物価を引き上げるという平時の経済環境の下での問題の解決のために行われてきた。金融政策として、日常のオペレーションとして行われてきたのである。

そして、それがうまくいかないことが7年経って誰の目にも明らかになった。

リスクプレミアムターゲット

今こそ、総決算する必要がある。

コロナショックに対する危機対応として、緊急事態対応として、国債の無制限の買い入れを決めた。緊急事態が終わったらどうするのか。物価を上げるために買い続けるのか。それとも資産市場のリスクプレミアムのために買い続けるのか。危機対応の大量買い入れから出口へ向かうのか。

景気は必ず回復する。しかし、成長率は低いままだろう。コロナ以前の実体経済がバブルだった状況から考えれば、以前の水準には戻らないし、成長率（正しくはＧＤＰ増加率）は、コロナショック前よりも低いままだろう。コロナショックが収まれば、国債の

「無制限」の買い入れはやめることになるが、「無制限」の代わりは何になるのか。危機が去って平常時となったときに、国債を買い続ける理由は何なのか。物価なのか、資産市場なのか。はっきりさせる必要がある。

株式購入は、より直接的な問題に直面する。正確に言えば、もともと論理的には説明できない政策だったものを、行い続ける理由を明確化する必要がある。上場株式を買い入れている中央銀行は世界にないし、歴史上も存在しない。なぜ買うのか。１９９８年の金融危機において、銀行の持ち株を買い取ったのは、金融システム安定のため、と目的が明確であり、妥当だ。21世紀の今、上場株式を市場から買うことの意味は何なのか。

株価対策としか思えないが、それではいけない。リスクプレミアムの低下なのだ。あくまで、中央銀行の政策として許されるのは、実体経済における実物投資のためのリスクプレミアム低下だけなのだ。

日本銀行は政策の妥当性をもって株式を買い入れないといけない。そのためにはどうするか。リスクプレミアムを低下させるという目標をきちんと定めるのだ。そして、実体経済における「景気安定」、長期の成長のための「物価の安定」という目標とのパラレルで、資産市場における「リスクプレミアムの安定」という目標を明示的に設定する。

つまり、リスクプレミアムは、物価のためではなく、資産市場を安定化させるための目標とするのである。

これは、インフレとバブル崩壊とどちらを避けるか、実体経済の低迷と資産市場のバブルのリスクとどちらを優先させるか、という１９９０年以降の米国中央銀行の最大の悩み、日本銀行の１９８５年以降の最大の悩みを直接解決しようとするものだ。

これまでは、中央銀行の政策対象は、あくまで実体経済であり、景気であり、そのための物価の安定であった。資産市場がバブルになるのは気をつけなければいけないが、それはあくまで、実体経済に大きなショックを与えないようにするためであり、金融機関の安定性が損なわれないようにするためであり、間接的なものにとどめられた。

これからは、実体経済と資産市場、両者をともに金融政策の直接の対象であり、目的として掲げるのである。そして、実体経済における「景気の安定化」、「長期の成長」と対になるものとして、資産市場における「リスクプレミアムの過度な変動」を抑え、「資産市場の長期の健全な発展」という目標を設定するのである。

問題は、物価は客観的にデータとして測れるものであり、客観的な目標の設定が可能であるのに対し（実は難しいのであるし、実際、そこに長い論争の歴史があるのだが）、リスクプレミアムの測り方は、まったくコンセンサスが確立しておらず、客観的なデータを得るのも難しい、という問題がある。

しかし、「難しい」のと、「難しいからやるべきでない」というのは異なる。

1990年代以降、世界中の中央銀行のほとんどの悩みは、資産市場であり、バブルであり、その結果生じる金融危機であった。それに真正面から取り組むのが中央銀行の使命だ。物価を通じた実体経済への影響という「庭先」に自分の政策対象領域を限定する保守的すぎる中央銀行から、いつか跳躍する必要があった。

それを今やるのである。

日本銀行は、その責務がある。なぜなら、上場株式を継続的に数値目標を持って買い入れるということを長期に行ってきたからである。この政策を継続するにせよ、発展させるにせよ、解消させるにせよ、資産市場と向き合うことは避けられない。日本銀行が世界の先鞭をつけるのである。量的緩和、時間軸政策（今ではフォワードガイダンスと呼ばれる）、イールドカーブコントロールと、世界でもっともイノベイティブな中央銀行と自他共に認められてきた日本銀行が、世界の中央銀行の歴史をまた変えるのである。

第5章

「安心」神話が財政を破綻させる

——日本のコロナ対策が迷走する理由

コロナリスクはゼロにはならない

コロナショックに対する経済政策は迷走した。今後も迷走し続けるだろう。そして財政破綻が起こる。新型コロナの次に来る危機（それは別の感染症である可能性がある）で、危機は実現し財政破綻する。次でなければその次。いずれにせよ、まもなく確実に財政破綻する。

なぜか。不安解消のためにカネを使っているからである。そして、不安はカネでは解消されない。この結果、永遠に経済対策が必要になり、混迷を続けることになるのである。

不安は不安であり、原因がわからないから不安なのである。だから、不安な側は、手当たり次第、目の前のことにすべて文句を言う。有権者に振り回される政治は、それにいちいちオロオロし、受身に対応する。文句の表面的な意味はわかるから、それに場当たり的に対応するが、不満はもっと根深いところにある。不満をぶちまけているのは、ただ自分も不安で仕方がなく、どうしていいかわからず、目に付いたものに八つ当たりしているだけなのだ。そして、その目の前の八つ当たりの対象の問題点が解消されてしまうと、八つ当たりするものがなくなるから、ますますストレスがたまり、不安はさらに高まり、八つ当たりは次のターゲットを求めてさ迷い歩き、八つ当たりの激しさは倍増していくのである。

　これに対し、カネを配ってなだめるというのは、実は賢い対応である。一時的に気持ちを収めるには、これ以外の方法はない。

　子供が泣きわめいているときに、安易に収める方法は、甘いお菓子を買い与えることである。それと同じで、ストレスで八つ当たりをしている場合には、カネを配るのが一番だ。そういう考えに基づいているか、直感的に見抜いているか、有識者やメディア、ＳＮＳの声がカネを早く配れと言っていたからか、理由はともかく、現金を配った。それで一時的に不満の声は収まった。

　しかし、不満はすぐに再び高まる。なぜなら、不安自体は消えていないからだ。だから、さらに別の形でカネを配る。収まる。高まる。配る。これを繰り返しているだけだ。

　繰り返して、政府は何を待っていたのか。

　コロナが収まることである。

　しかし、この考えは誤っていた。

　第１に、コロナリスクはゼロにはならない。風邪もインフルエンザも流行が終わってもかかる人はいる。ゼロというのはあり得ないのである。人々がリスクゼロを求める限り、永遠に不安は消えない。

第2に、万が一、コロナが収まっても、人々の不安は収まらない。なぜなら、人々は安心を捜し求めており、完全な安全ということは論理的にあり得ない以上、一旦、不安な気持ちを抱いてしまえば不安は消えないからである。

つまり、不確実性がゼロでない限り、科学的にリスクがないとわかっていても、科学を理解していなければ、あるいは科学を信じていなければ、あるいは科学でそう言われても気持ちは別だと言われてしまえば、将来のことであり、目に見えないリスクである以上、不安は残り続けるのだ。

ゼロリスク神話

この不安は人間にはつきものであるが、日本では特に不安に対して社会や人々が弱い。なぜ日本が極端なのか、理由はよくわからない。しかし、不安に弱いことは、少なくとも高度成長期以後においては一貫している。この不安に弱い社会が生み出した解決策が、ゼロリスク神話である。

これは前述の2つの問題を一気に解決する。

あり得ないゼロをあり得ると信じ、論理的にはあり得ないことである「リスクゼロ」ということを信じ、不確定である将来のことなので論理的にあり得ないことにもかかわらず、「不確実性はないものだ」と信じれば、問題は解決するのだ。

　科学は信じることができないが、リスクがゼロであるという神話を信じることができるのは、無宗教的な（実は無宗教ではないのだが）日本だからか、割と多くの人々にあてはまる。そう信じてない人々も、気持ちとしてそういうことはあるよね、と寛容に受け止めている。つまり、科学と盲信（妄信を盲信する）が対立した場合に、盲信のほうが勝ちやすい環境にあるのだ。

　この文脈で言えば、リスクがゼロと信じることができる状態になれば、不安にならずにすむ。安心して、何も不安なく過ごせる。日本の人々はこれを追い求め、何とかしてこれを確立しようとするのである。

　行動経済学では、確認バイアス、つまり、自分に都合の良いことだけを信じ、都合の悪いこと（認知的不協和と呼ばれる）は無視する、という傾向が人間にはあることが知られている。日本では多くの人が、まさにこのバイアスに陥っている。さらに悪いことに、このバイアスに陥っている人々をほとんどすべての人々が許容する、不思議な広い心を持った社会が成立している。

　非合理的な人々（ここではゼロリスク神話を信じ、求める人々）を社会が許容する、という大きな欠陥、あまり強調されたことがないが、これが日本社会における最大の問題、諸悪の根源である。

弱い人の気持ちを最優先しないといけない、被害者の心に寄り添う、という名の下に、非合理な弱者、被害者の過大な要求を社会としてすべて受け入れなければならない。合理的な説得も許されず、非合理な被害者の声（不安）を、そのまま受け入れることを強要される同調圧力が支配する状況に陥っているのだ。しかも、被害者たちの圧力ではなく、彼らに同情しないという非難、プレッシャーをかける社会全体の圧力で合理性がすべて抹殺される社会になっている。

この結果、一人の悲劇に全員が全力で寄り添うことになり、その後の対策や政策において、その被害者の気持ちが最優先され、社会としてのコストとベネフィットのバランスは議論することすらできない。

一人でも死者が出ると、すべての犠牲を払っても、同じ事故が起こらないようにする。そして、手薄になった別の場所で違う大きな事故が起こる、ということを繰り返す。

たとえば、２０１１年3月11日の東日本大震災では、津波が最大の被害をもたらしたが、そうなると、津波対策に無限の金が使われ、ほかのことをすべて犠牲にして津波対策が行われる。20メートルの津波が来たら、今度は30メートルの津波でも大丈夫なように、万全を期そうとする。しかし、20メートルの津波でも1000年に一回なのに、それ以上の津波対策を採ることのコストベネフィットはどうか、今回を上回る津波であれば、30メートルでも足りないかもしれないのではないか？ どんな大きな津波が来ても使える対策とは、避難する場合の原則の徹底、実践的な演習のほうが重要ではないのか？ 防災の考え方を徹底させれば、津波に限らず、火災、洪水、そのほか多くの災害対策として有効なのではないか？ そういった議論は封印され、とにかく津波対策にすべてをかける。

その結果、津波のなかった地域で洪水、氾濫が起きる。今度は九州、四国、広島、北海道の大雨対策にすべてを費やす。すると、他人事だった、東京の多摩川の氾濫でタワーマンションが水没して騒ぎになる。これも映像的に刺激的なので話題になるが、水没は毎年どこかで起きており、タワーマンションはただの一例に過ぎないのに、今度はタワーマンションの恐怖だけが語られる。

合理的な議論、リスクに対する複数のシナリオの準備、想定外の想定などの本質的な対策ができなくなってしまうのである。

安心のために安全を犠牲にする日本

この最も典型的な例で、最悪の結果となったのが原発事故だ。

原発事故ではいまだ様々な意見があるので、明らかに非合理的な２つのことだけに触れよう。

まず、事前に、原発にはリスクがまったくない、というゼロリスク神話を社会的に受け入れていた問題である。いかなる生産活動、生活であっても、ゼロリスクはあり得ない。ゼロリスクを求めるなら、自動車の公道での利用は完全に禁止しなければならないし、自転車にも乗ってはいけない。しかし、原発ではリスクはゼロという前提を置かなければならなかった。原発を建設するに当たって、人々の不安を解消するためにゼロでなくてはならず、０・０００１％では駄目だったのである。できる限りリスクを低くコントロールして、万が一のときのシナリオを公に議論して準備する、という普通の危機管理ができなかった。その場合の避難訓練、手順、事後処理の議論などを行うこともできなくなった。そして、事故の社会的影響を無限に拡大してしまったのである。

リスクゼロを求めるあまり、ゼロは不可能であるにもかかわらず、ゼロだと人々を安心させるように全力で行政は対応した。論理的には不可能なことであるから論理的な説得ではなく、情緒的に訴え、少しでも不安材料があればすべて除去しようとした。少なくとも見かけだけ、表面的には。

それがさらに顕著に現れたのが、事故後の除染問題である。

放射性物質が土壌の表面に堆積する、これが溜まると危険だ、ということで、表土の除染、要は除去し、どこかへ移すことしかできないが、これが行われた。当初、専門家会議などにより、年５ｍＳｖを目指すと決まった。しかし、福島の人々や、世間の声により、政治的決断で、年１ｍＳｖまで減らすことに目標を変えた。この結果、実現不可能な（自然界の放射線レベルの平均よりも低い）目標のために、毎年数兆円の費用がかかることになった。

しかし、不可能なものは５兆円でも不可能だった。除染のための土を運ぶ先がなかなか見つからず、除染が進まないという不安と批判が高まり続けた。もし本当に危険なら、その土を受け入れる先はないはずである。不可能なことをしようとしていたのである。なおかつ、科学的には不必要なものを数兆円のコストをかけて、しかも、その不安も解消しない政策を採り続けたのである。

そして、今、除染がどうなったか。当時批判した多くの人々は関心もないし、忘れてしまった。現地のごく一部の人々や活動家などは強い批判を依然しているが、社会的には忘れられてしまった。

２０１１年の震災以降、日本で盛んに使われるようになった言葉が、「安全・安心」である。安全・安心とは、安全を確保することで安心を得る、というのが普通の意味だったはずだが、震災以降、日本では、安全だけでは足りない。人々が安心して初めて対策として万全だ、という意味が一般的となった。

これが日本を致命的に非効率な社会、破綻リスクの高い社会に追い込むこととなった。なぜなら、安全でも安心しない人々が出現し、それを社会が許容することによって、実現不可能なものを追い求める社会になってしまったからである。

たとえば、命はコストには代えられない、命は地球よりも重い、というような情緒的な言葉が人々の共感、というよりは当然の前提として受け止められた。その結果、安心を追求するためにコストが無限にかかる社会になってしまった。

コストがかかるだけならよい。カネが続かなくなれば、正常に戻るからである。しかし、もっと悪いことに、安心はどうやっても得られないので、永遠に不安であり続けることになった。さらに最悪なことに、不安は嫌なので、そもそも、その不安を生じさせる安全の問題はなかったことにするという、安全を顧みない社会になってしまった。

安心は、本来、安全が確立されれば得られるものであり、それ以外のものによっては入手不可能であるにもかかわらず、安心を得るために、安全以上の要素、すなわち、安全以外の要素を要求することが常になったのである。

その結果、安心を得ることが不可能であるだけでなく、安全以外のことに労力を費やし、安心を得るために、安全がないがしろにされてしまうという、まさに本末転倒になってしまったのである。

リスクゼロを人々が政府に求め、政府は約束する。だから、もう安心してください。不安はまったくありません、と説得する。人々は安心する。リスクはゼロと思い込む。リスクゼロであるから、リスクに備える必要はない。そうして、リスクに対する警戒がなくなる。リスクに対する感応度がゼロになる。世の中の思考からリスクは消える。この結果、リスクに関する思考停止状態に陥る。

このとき、もちろん、実際にリスクはゼロになっていないから、リスクが実現して、何かしらの事故が起きる。それが小さくても大きくても、人々はパニックになる。

これが安心を追求しすぎて安全を失った日本社会の構造だ。

ゼロリスク志向による思考停止

コロナウイルスの場合も同様だ。一人感染者が出たら、大騒ぎになる。子供が学校で感染したとなれば、パニックになり、すべての学校を閉鎖しろ、という議論になる。リスクは常にバランスだ。リスクはどこにでも存在する。それをトータルで減らす努力をし、リスクが実現した場合の備えをしておく。この２つがリスクコントロールの大原則だ。しかし、ゼロリスク志向による思考停止で、この原則などこの世に（日本に）存在しなくなっているから、リスクに対して妥当な行動がまったく取れなくなる。

生命保険の加入者がこれだけ多いのは、世界で日本だけだ。なぜか宝くじが普通の人にもよく売れる。これもリスクに対する行動が合理的でないことを表す。

２００２年にノーベル経済学賞を受賞したカーネマンらが提唱したプロスペクト理論という行動経済学の枠組みでは、人間は微小確率に対して、非常に非合理的な行動をすることが理論化されている。人間は、微小確率を極端に恐れる。その典型が日本社会なのだ。有名人が若くしてがんで死ぬとがん保険に殺到する。宝くじは必ず誰かが当たるから、自分の可能性もゼロではない、と夢を買うと言って楽しみにする。日本以外では見かけない現象だ。

リスクに対する人々の非合理性は、コロナショックからの回復対策の中心的な話題となっているＰＣＲ検査の議論についても、如実に現れている。

日本では、ある財団に所属するエコノミストたちが、国民全員あるいはそれに近い大多数の国民にＰＣＲ検査を課し、それで陰性が判明した人からフルに経済活動を再開させる、という提言を行っている。これは、米国のハーバード大学の提言を真似たものだと思われる。

ハーバード大学のCenter for Ethics（倫理学センター）が発表した提言の考え方は、一日５００万件の大量のＰＣＲ検査を行い、濃厚接触者を追跡し、陽性者を（生活支援をしながら）確実に隔離することによって、職場や学校の感染リスクを抑えて、経済や社会の正常な活動を再開する、という戦略である。

日本の別のシンクタンクの提言案もほぼ同じで、「国民大量ＰＣＲ検査」というこの提言のメッセージは、「検査と隔離」の目的を、「医療のため」ということから「社会の不安を取り除くため」に転換すべきだ、と明示的に述べている。

どちらの日本の提言も２００％間違いだ。

皮肉なことに、メインメッセージで２００％間違いであることを自ら示している。

なぜ２００％か。

１００％の間違いを2回行っているからである。

第1の間違いは、ＰＣＲ検査では、統計的に社会全体の安全性が目立って高まることはないからである。

第2に、より重要なことは、ＰＣＲ検査を大多数の国民が行って、行動制限の指針にすると、国民の不安はむしろ高まるだけで、安心はまったく得られないからである。

究極の誤りは、不安を取り除くために検査をすることは最もしてはならないことであるにもかかわらず、１８０度逆に、不安を取り除くためだけにでも検査をしろ、と主張していることである。

間違いにもほどがある。

説明しよう。

第1の誤りは、統計の基本を理解していない。

日本における新型コロナウイルス感染者数は、判明数に過ぎず、検査数が少ないため、氷山の一角であり、実際の感染者はそれより多いと言われている。いくつかの調査では、東京では人口全体の０・５％前後の人が感染しているという結果が出ている。一番感染者が多く、かつ感染率が高いと思われる東京でも０・５％である。０・１％という調査もある。このような状況で検査しても意味がない。

どういうことか。

ＰＣＲ検査においても、感度（つまり実際には感染している場合に正しく陽性と出る確率）は70％程度と言われている。この感度70％の検査をしても、ほとんど意味がない。

これに対して、70％でも検査を3回以上繰り返せば、確率が上がるから、コストをかけてもしつこく、国民のほぼ全員に検査をさせるべきだ、という主張を前述の財団の提言者はしている。

わかっていない。ポイントは、70％の感度にあるのではない。そもそものベースの推定感染率である。0・5％ということは、検査をする前から、ほとんどの人は感染していないことがはっきりしている。そこへ70％の確率の検査をしたところで、ほとんどの人は陰性となる。その中に、ごく一部の感染者がいて、その70％が陽性になったとする。

ここで、陰性という結果が出た人の感染確率を推定するとどのくらいになるか？　ほぼゼロである。しかし、それはもともと0・5％であるから、もともともほぼゼロである。0・5％から大きく低下はしない。検査をして陰性と出ても、検査をせずにいても、本当に感染していないかどうかの確率はほぼ変わらないのである。そして、陰性と出ても、完全にゼロ％ではない。だから、検査で陰性と出ても、何も改善しないし、本人も周りも安心できないのである。

これは統計の基本だ。陽性と出た人は、隔離ができるから、意味はある。だから、地道に検査をして、隔離者を増やすことには、感染拡大を抑える少しの意味はある。しかし、陰性と出てもそのことにはほとんど意味がないのだ。

国民皆PCR検査はなぜ間違いなのか

整理しよう。国民皆PCR検査には3つの問題がある。

第1に、今日陰性と出ても、明日陽性かもしれない。常にアップデイトする必要がある。コストもかかるし、現実的でない。抗体検査では、本人が安心するだけだし、かつ抗体があるから安心とも言えない。変異したウイルスに効くかはっきりしていない。そして、感染を広めるリスクを下げることにはならない。陰性でも現在感染していないことを示すわけではない。

第2に、感度が低い。統計的に識別率がそれほど高くない。70%では不十分だ。だから3回繰り返せ、と提案しているものもあるが、実際に神戸の病院で複数回連続して陰性と出たが、医師が症状からいって感染している可能性が極めて高いとして隔離を続けたところ、後日陽性が判明した例がある。

第３に、コストが膨大にかかる。簡易検査でも１兆円。現実には数兆円は最低かかる。

ここまでは誰もが認識しており、皆検査を提案している側も認識している。それでもあえて提案している。とことん検査をするのだから、70％でも繰り返せばよい。１週間に１回検査すればよい。それで莫大な費用がかかろうとも、たとえ毎年５兆円かかろうとも、失業率20％よりはましだ。ＧＤＰが数十兆円失われるのを防止すると思えば、投資としては悪くない。このような主張をする。

しかし、これは致命的な誤りをいくつも犯している。

まず、相対的に小さい罪の誤りとしては、ＧＤＰが数十兆円失われるというのは、かなりの過大推定である。コロナの収束が永遠に起きないことを想定しているかのようだ。日本のＧＤＰが５００兆円強として、四半期に直せば、１２５兆円だ。今ＧＤＰの減速が５％といわれていたが、速報値が修正されて、１〜３月期はマイナス２・２％だった。しかもこれは年率換算であるから、前期との比較では、マイナス０・６％である。つまり、１２５兆円の０・６％、７５００億円が失われたことになる。どんなに多くともせいぜい１〜３月で１兆円である。

生産分野では中国の影響で２月から減速は進んでいたが、おおまかに失われたのは３月に集中したとすると、3月に1兆円である。緊急事態宣言が出る前から、かなり自粛は進んでいたから、4月に悪影響が最大化したとしても、最大限3倍だろう。5月は東京、大阪以外では経済は動いたから、3月の水準と同じくらいか。したがって、3月から5月をあわせても、せいぜい5兆円である。6月が最大でも1兆円とすると6兆円である。徐々にしか収束しないとしても、経済活動は、一部の分野に影響が集中しているからそこは目立つが、全体では6月以降はかなり経済の収縮は解消するだろう。

また、海外への輸出が落ち込むが、これは日本でＰＣＲ検査をしてもしなくても同じなので（海外諸国の側で日本からの入国制限が課され、ＰＣＲ検査を要求される、という問題はまったく別の問題で、必要に応じて検査をすればよい）、ＰＣＲ検査のコストとＧＤＰ減少を比べる上では関係ない。

したがって、確実にかかる費用の数兆円とベネフィットとして得られると推定される最大数兆円は、せいぜい元がとれる程度、投資として有効ということはいっさい言えない。なぜトントンではまったくだめかというと、そもそも、金銭的な費用のほかに、国民皆検査には莫大なエネルギー、手間、市場取引換算できない大きなコストがかかるからである。

しかし、もっと致命的な第2の誤りがある。

国民皆検査は実現性がゼロだからである。

どのような形で検査をするのか？　国民全員に時間を指定して、検査所に来させるのか？　すぐに密ができるだけでなく、そんな場所があるのか？　自主検査できる簡易なキットを開発して、それなら低コストで実施コストも少ない、と提案者はいう。国民がみな言われたとおり、キットを買ってやると思うか？　キットを配布する？　マスクですら配るのに2カ月かかっているのに、その検査キットをしかもはるかに検査、運搬による損傷防止、除菌などが必要なのに、それができるのか？

これだけでも、5兆円に上乗せして、莫大な費用がかかる。

しかし、最大の問題は、国民が言うことを聞かない、ということである。

投票率が都会では30％だというのに、検査は全員が守ってやるのか？　自分の体の検査も、がん検診も無料にしても行かないのに、他人のため、不特定多数の他人のため、みなが検査をするのか？　しないだろう。やる気があっても、忘れることもあるだろう。実施率は80％どころか50％すら超えることはあるまい。

さらに、最大の問題は、陽性だと出たときに、どうするか？　である。70％しか感度がない。陰性でも誤陽性と出ることがある、と聞いてしまえば、症状が出ていなければ何かの間違いだ、と思い、そのまま活動を自粛しないだろう。

3月から4月の事例でも、熱があっても移動する人が複数いた。熱があって、自粛したが、下がったので仕事に出かけました。そうしたら、また熱が出て陽性でした。そういう人々が複数いた。有名になっただけでも複数いたということは、そういう人が多いだろう。2週間完全に隔離されて、自由を奪われる。症状もない。陽性は間違いかもしれない。それで、人々が自主的に名乗り出て隔離されるだろうか？

皆が皆、そうでなかったとしても、陽性が出たときに、このような人々が20%いただけで、この数兆円の検査システムは崩壊する。

第3の問題はもっと深刻だ。

70%しか陽性と出ない。ということは、陰性が出ました。安心しました。周りにも、私、陰性ですからまったく問題ありません。と言っていた人が、1週間後に感染が判明する。そして、この人から感染した人がいたことが判明する。

どうなるか。

パニックである。

メディアはこぞってこれを取り上げ、大騒ぎになる。一例であってもである。

終わりだ。数兆円の検査システムは崩壊する。

これは無症状の感染者から感染した場合よりも遥かに恐怖を人々に与える。そして、怒りを与える。

安心だと言ったじゃないか！　検査で陰性と出たから活動したのに！　周りに責められて人生が台無しだ！　責任取れ！　と政府を国民全員で責め立てる。

このシナリオに対して、国民皆ＰＣＲ検査の提唱者はどう言っているか。もちろん、70％だから、そういうケースもある。その場合には、ただちに隔離すればよい。まったく何も検査しないよりも確率は下がっているから、それでも検査をしたほうがかなりましだ、と。

まったくわかっていない。

最大の問題は、感染リスク拡大を減らすために検査を行っているのではなく、「安心を人々に与えるため」に国民全員に近い大々的な検査を行っていることだ。

確率の問題じゃない。

国民も当然そう言うだろう。安心だ、と保証したことへの裏切りだ、と。

陰性と出たのに、感染を広めてしまった人は、国家に賠償請求をするかもしれない。怒りが収まらない。コロナ肺炎が治っても、国家への恨みは残り続けるだろう。国民皆検査の提唱者は自ら言っている。「安心を人々に与えるために検査を行う」のだと。それが、国中を最も不安にするにもかかわらず。

検査で安心は得られない

最悪だ。

安心に投資するのはまず間違っている。

しかし、それよりも遥かに罪深いのは、人々の心理をまったく理解せずに、普通の人間ならその場合を想定して想像力を働かせればすぐにわかることを、机上の計算の提案に躍起になって、国民がパニックに陥るために毎年数兆円を支出しようと〝有識者〟たちが提案していることだ。

罪深いにもほどがある。政府はもう少しまともだからこの提案を受け入れることはないだろう。ただ、マスクを配ることによる反発を読めなかった官僚もいるようだから、懸念がないこともないが。

そして、もうひとつ重要な点がある。

おそらく提案した「有識者」たちは、ハーバードが提案しているから、ということで鵜呑みにしてしまった、その論理をそのまま日本に適用してしまったのではないかと思われることだ。

欧米かぶれ、ブランド負けしている。日本の知識人と言われる人々の最大の欠点のひとつだ。ハーバードの提案も間違いだが、それでも、米国それもニューヨークに限っては一理ある。

それは推定される市民の感染率だ。

日本では、0・5%以下だろう。ソフトバンクが社員や取引先に対して自主的に行った検査では、一般的には0・23%だったと報道されている。一方、ニューヨークは、いろいろな推計があるが、12%という推計が有名だ。

12%と0・2%（最大でも0・5%）には、大きな違いがある。12%の場合は、彼らを見つけ出し隔離することで、感染リスクは大きく低下する。全員検査すれば12%の7割、8・5%の人は隔離され、市中の感染者率は約4%程度へと大きく低下する。

すなわち、ハーバードの提案は、結果として安心を人々にもたらすためにやっているが、それは、実際に安全性を高めた結果、安心度合いが相対的に増すのである。

これが安全対策の要諦だ。

人々は不安になる。安心させる必要がある。そのためには、安全を高めることによって、その結果として安心させるのである。しかもそれは絶対安全、絶対安心ではない。あくまで程度の話だ。完全に安心させることはできないし、リスクがゼロにならない以上、完全に安心してはいけないのだ。危機感を持ちつつ、無駄に不安にならない、パニックにならなないことが重要である。

日本はまったく違う。

安全でない状況なら、疑わしい人を徹底的に検査して、安全性を高めることは意味がある。しかし、ほとんど安全なのに、人々がなかなか安心してくれないから、安全とは別に、安心だけを人々に与えようとして、検査を5兆円かけてやる。マスクの例で言えば、傲慢に、そんなに騒ぐなら、安心させておとなしくさせてやる、と言わんばかりに、対策を採るのである。

それは致命的に間違いだ。

日本の政策議論は、行動経済学をまったくわかっていない。いや、正確に言うと、人間としての常識がなく、普通の想像力がない。その結果、当たり前の人の気持ちを考えて、予測して行動をとるという原則からまったく外れてしまっている。

経済自粛下の3つの行動パターン

このほかに、人間を理解せずに政策を打ち出して、効果が上がらず迷走している政策の例を2つ挙げてみよう。

ひとつは、8割削減という有名になったフレーズに象徴される接触機会削減対策である。感染症の学者、疫学の学者の先生方は、社会、人間というものがわかっていないらしい。8割の接触を削減するための新しいテレワークのやり方として、遠距離通勤の人をテレワークにして、短距離の人を通勤にさせれば効果が上がるということを提唱したことがあった。

当たり前だ。

通勤距離と比例してではなく、等比級数的に減るというところがミソなのだろうが、そんなことは瑣末な問題だ。彼らは、接触機会8割削減という中間的な数値ターゲットを最終ゴールとして、8割達成すればなんでもいいという発想になっている。機械的に数字をシミュレートしている。愚か過ぎる。

問題は何か。感染者を減らすことである。8割削減ではない。だから、街の人出が8割減ったかどうかはどうでもよく、感染者が増えなければそれでいいのだし、それがすべてだ。

感染者を減らすにはどうしたらよいか。

有名な8割削減という金科玉条のような目標（ほとんどスローガンだが）は、日本のいわゆる専門家たちが、感染者1人が2・5人に感染させるという前提で計算した結果、出てきた数字のようだ。単純すぎる。モデルが単純だというより、人間を機械のようにとらえているところが、幼稚というか、頭をまったく使っていない議論で、唖然とする。

最大の問題はすべての人間を同一と考えているところだ。確かに、経済学も同じくらい愚かで、すべての人間を同一で合理的な経済主体と仮定して理論を組み立てている。ファイナンス理論でも、平均的個人というやつがあり、この平均的個人が市場全体をそのまま表し、それがあたかも一人の経済主体であるかのように扱う。これは便利なのだが（そう扱えるように美しい理論を構築したのであるが）、誤った現実へのメッセージを結論として出してしまう。金融市場で言えば、株価は常に正しいという効率的市場仮説が現実の本物の姿だと誤解させてしまう。さて、ここでは、感染リスクの話である。

実際の社会では、人間はこんな画一的に行動しない。実際に、新型コロナ感染対策市場で、人々はどのように行動するか。行動パターンから3つの類型の人々に分けてみよう。

まず、グループAは、すべて自分で決め、人の言うことは聞かない人たちである。外出を徹底的に自粛するかどうか、自分で決める。大雑把に、そのうちの半分は、自分が望んで自粛を徹底的に行う人々で、もう半分は誰がなんと言おうと自粛はしない人々と仮定しよう。リスク回避を徹底する人とリスクをまったく気にしない人と言ってもよい。

次のグループＢは、受け身ではあるが、自分で判断する人々である。彼らは、政府の自粛要請や世の中の感染の報道などの情報を収集した上で、自粛するかしないかを決める。行動ファイナンスではニュースウォッチャーと呼ぶこともあり、ファンダメンタリストに近いとも言えるが、要は情報に基づいて判断する人たちである。

リスクは嫌であるが、実際に回避するかどうかはそのリスクの程度と回避のコスト次第である。経済学的（ファイナンス理論的）にはリスクは嫌いだが、リスクとコスト（リターン）を勘案して決める人たちである。最後にグループＣは流行に乗る人々である。みんなが自粛するなら自粛。そうでないなら自粛しない人たちである。行動ファイナンスならモーメンタムトレーダーで、バブルを膨らませる人々である。

問題はこのグループＡ、Ｂ、Ｃの割合である。その想定によって大きく変わるが、日本人の特性として、まじめであるということと、強制されなくても空気を読む、とよく言われるが、そうだとすると、グループＢが少なく、グループＣが多いということになる。欧米はどう考えてもグループＣがほとんど存在せず、多くの人がグループＢだが、グループＡの割合もそれなりにいると思われる。

ここで注意しなければならない一番のポイントは、日本にはグループＡの人々が一般的なイメージで語られるよりも意外と多いことである。グループＡを無視した議論が多く、こういう人はいないか、ごみだと考えられ、欧米人はグループB、日本人はグループCというように雑に考えられている。

私の個人的な観察では、日本では、グループBが非常に少なく、むしろグループAのほうが多いぐらい、少なくとも、グループAとグループBは同じぐらいではないかと想定している。一方、グループCは欧米にはあまりいないが、日本では過半数、多数派だという一般的な認識と同様に考えている。

「人間」を理解していない学者たち

さて、このような想定をしたときに、日本で起きたことはどのように理解されるであろうか。

まず、自粛要請がなされた。緊急事態宣言前の2020年3月末時点である。どうなるか。

グループAのリスク回避的な人々はもちろん自粛する。リスクに無関心な人々はもちろん自粛などしない。好きなように行動する。グループBの人は、その人の得た情報および判断で変わってくる。ここも半々と仮定しよう。半分は自粛し、残り半分の人々は自粛するほどではないと判断する（グループBは自分で得た情報で判断するが、その情報も判断も正しいとは限らない。自分で判断するというだけのことだ）。グループCの人々はどちらに傾くか。世の中半々である。半々なら楽なほうに傾くのが人間だろう。よって、彼らは自粛しない。

となると、多数派は自粛しないことになる。日本人は危機意識が薄いと諸外国から散々非難された。しかし、死者数も判明した感染者数も欧米に比べて遥かに少ない。医療崩壊は、ニューヨークの次は東京だと言われてもぴんと来ない。東京、大阪の大都市圏以外はなおさらである。

しかし、ここで、諸外国から非難されたという事実はそれぞれのグループにどう響くか。グループBの意識高い系と言われる人々は、特に欧米の論調に敏感である。また自分たちはグループCの人々と違って知的であり、新しい情報に敏感だと思っている。しかもそれは欧米からの知識である。グループBの多数派は自粛に変わっていく。それだけでなく、自粛をするべきだ、とSNSを中心に説いてまわる。

これで世論は盛り上がり、「一刻も早く緊急事態宣言をしろ」の大合唱。そして、ここでグループCのムードも変わってくる。しかし、危機感はないから、緊急事態宣言という言葉に踊らされるだけ、またどこかの知事がロックダウンと叫び続けたために、コロナではなく現実的に想像できる経済的封鎖の恐怖に突き動かされただけだった。4月1日に緊急事態宣言が出るというデマが流布し、スーパーに殺到。その週末から、自粛ムードが高まり始めた。グループCが動き始めた。

そして、ついに有識者的な世論に負けて、あるいはそれに乗ろうとする知事に負けて、政府も緊急事態宣言。ここでグループCの動きは決定的に変わり、雪崩を打って自粛集団に加わった。

では、結局、紆余曲折はあったが、最後にはうまく行った、人の流れを変え、感染が社会的に広がるリスクを抑え込むことに成功した、と言えるのか。

50％しか成功していない。

流れは変わり、流されやすいグループCの割合が高いから、接触8割削減には成功するだろう。そして、こういう流れの下では、グループBに属し、自己判断でリスクはそれほどないと思っている人々も社会環境を見て、自粛しないと非難されて面倒だと思い、リスクを取って行動を続ける価値がなくなるから（投資で言えばリターンのチャンスはなくなるから）、自粛へ行動を変える。これはファクトに基づく流行に対する迎合である。

しかし、これでも効果は半分だ。なぜならグループAの半分が残っているからだ。

グループAのリスクを気にしない人、自分の好きなようにやりたい人は行動を変えない。

自粛などしない。だから、全員は自粛しないから、グループBとグループCが変わっても８割は実現しない。

ここまでは、真面目な疫学の学者もわかっているだろう。社会を知らないというのはここからだ。

グループAの行動を変えない人々は、いまの文脈ではどうか。もともとリスクの高い人である。活動的であり、夜な夜な飲み歩き、様々な濃厚接触をし、もともと除菌などを気にかけない人々である。感染しているリスクが高い上に、さらに拡散するリスクも高い。そういうもっとも危険な人々は自粛をしないのである。彼らを抑え込まないことには社会全体の感染リスクは低下しない。東京23区の対人口比感染率はダントツに港区と新宿区。その他は大きく引き離されている。

疫学理論の足りない点は、社会の構成員各自のリスクが異なることを考慮に入れていないことである。行動のパターン、頻度、領域も考慮せず、１億２０００万人を年齢だけで分類して分析しても何の意味もないのである。

さらに、現実の彼ら、彼女らの行動パターンも考慮に入れていない。

大変興味深いケーススタディがある。ある国会議員が風俗店に行って批判を浴びたが、ここで興味深いのは、それを報じた記事の記述である。客は10分の１に減って、働いている娘は暇を持て余していた、というところである。つまり、少し広げて夜の店全体について考えてみよう。10分の9の客はグループCの客であり、流れで店に行くし、流れがふさわしくなければ行かない。しかし、働き手はいつもよりも暇、ということは客ほど減っていないということであり、働き手はグループAの割合が高いということである。それはもちろん、客は単なる楽しみのため、働き手は生活のためであるからそうなのだが、では、グループAを減らすにはどうしたらよいか。

危険だといくら説得しても無駄である。リスクに無関心であるからだ。我々がギャンブラーにいくらギャンブルをやめさせようとしても、やめないのと同じである。どうせ当たらない、損してばっかりじゃないか、と言っても、次は当たると夢見ているからやめられない。カネがなくなったら借金してでもやる。まともなところは貸さない違法な高金利しかないが、それでもやってしまう。割に合わないもくそもないのである。

彼らギャンブラーを止めるにはどうするか。軍資金を完全に断つことである。金利は関係ない。いくら出しても貸さない、金をいっさい渡さないことである。もうひとつは、ギャンブルを廃止することである。競馬が開催されなければやりたくてもやれない。

バブルも一緒だ。中央銀行が引き締めても、バブルのピークではリスクテイクして儲けることがブームだから、金利水準は関係ない。より高いリスクをとるだけだし、ハイリスクハイリターンをその分追いかけるだけで、バブルはますます過激化する。これがバブルの最後のステージである。どうやって止めるか。カネを一切まわさないことである。日本の１９９０年までの不動産バブルを止めたのは、不動産融資に対する総量規制である。それ以外は何も効かなかった。総量規制でカネが借りられなくなったら一気に崩壊した。

新型コロナで言えば、自粛ではだめで、サプライサイドの休業規制、休業命令をしないといけない。だから、東京都が、休業要請に明示的に、性風俗店、デリヘルと具体名を挙げたのは妥当なのである。

しかし、問題がある。ギャンブラーは中央競馬がなくなったらどうするか。大井に行くのである。競馬がなくなったらどうするか。競艇に、オートレースに行くのである。カジノに行くのである。違法賭博に行くのである。

東京で休業要請があるとどうなるか。働き手の一部は地方に職を求める。東京で営業を続ける店に行く。地下にもぐる。こういう弊害があるので、手ごわいのだ。

しかし、それでもいい面もある。

かつて消費者金融市場は、貸金業法改正で大幅に縮小した。借り手はどこに行ったのか？　闇金に流れたという噂は嘘だった。それは一部に過ぎなかったのである。彼ら借り手は、過払い請求訴訟でカネを得て完済し、市場に戻ってこなかったのである。それでもまた借りる人もいるだろう、違法金融に手を出す人もいるだろう。取り締まりきれない。それでも、その割合はかなり低い。全滅させる必要はなく、９割を抑制すれば十分なのである。

新型コロナもそうである。グループＣを動かす。減らす。そして、コアのグループＡの大半をつぶす。つぶしきれないものが残る。それでも割合は大きく減っている。後は、重篤化するリスクを減らすことを自己防衛で徹底的にするしかない。

７割減少を遮二無二８割に減らすことよりも優先順位が高く、対策としてはより重要なうえに、効果の大きいものがあるのである。

「不安」だから10万円

このような考察は、考えれば誰にでもすぐわかることである。それにもかかわらず、日本の専門家たちは考えず、遮二無二８割削減のスローガンに固執した。非常に非効率な対策となり、感染者は確かに減ったが、経済全体を極端に萎縮させてしまった。ほとんどの経済的なロスは、この闇雲な効率の悪い８割削減運動から生じたと私は思っている。そして、結果的に、経済対策、国民へのカネのばら撒きが異常に増え、財政破綻への道を早めてしまったのだ。

具体的な例を一つ挙げよう。財政破綻への道をもっとも加速させたのは、国民全員に10万円給付した政策である。国民皆10万円政策である。

コロナショック対策として、２０２０年４月、政府は、国民全員に一律一人10万円を給付することとした。当初は、コロナで仕事が減り、所得が激減した世帯に30万円配るという案が閣議決定されていたが、前代未聞の閣議決定後の政策転換をしてまで、国民全員に10万円に決定した。コロナショックで所得を失って生活に困窮した低所得者を救うための政策が、年金生活者で一円も所得が変わっていない人にも、子供にも、１億円プレーヤーにも10万円が配られた。消費ができない環境での消費刺激策が行われた。そしてこれら意味不明の政策に対して、国民は大絶賛。

コロナショックで金に困っていたのは働き手、仕事が減った働き手であり、消費者は何も困っていない。年金生活者は収入は減っていないし、働き手は国民の半分、50％に過ぎないのに、半分を無駄に配る必要はない。ましてや金持ちから税金をとるならともかく、10万円を配るとはどういうことか。それが国民ほぼ全員に絶賛されたのはなぜなのか。

一律10万円を積極的にネット論壇などで強く推奨した人々のポイントは、金を配るタイミング、スピードだった。景気がいままっ逆さまで、とにかく早く配らないといけない。

個人事業主などは収入が突然ゼロになったから、今、一日、一秒でも早く現金がほしい。彼らが飢え死にしてしまう（とは言っていなかったが、さもそうであるかのような勢いで、緊急性を主張していた）。

これは明らかにおかしい。

私が、収入がゼロになった個人事業主であれば、今日10万円もらうのと来月30万円もらうのだったら、絶対に30万円のほうがいい。年率3倍の12乗のリターンがある投資だ。1カ月ぐらい我慢する。それで死んでしまうなら、今月10万円もらっても、来月死んでしまうから、より長く3カ月生き延びることができる30万円を選ぶ。

さらに、景気対策としても無意味だ。消費が急減したのは、カネがなくなったからではない。消費者は、消費行動を制限されていて消費できなくて困っただけだ。外出自粛を求められどこにも行けなければ消費できない。その状況で、カネを配られても、カネは使わない。そのまま銀行口座に置いておくままになる。あるいは、証券投資口座でも開設して、株でも買う。冗談ではなく、日本でも（実は米国でも同じことが起きたのだ）、株式投資口座開設申し込みが殺到した。米国では株式投資初心者が口座を開設し、価値のない会社の（たとえば倒産したレンタカー大手ハーツ）株式をデイトレーディングして、取引が急増したのが話題になった。国民全員一律10万円給付は、景気対策にはならず、不適切な投機を促すだけだ。

ネット論壇の自称意識高い系の人々、何もわかっていないエコノミストは、本当に愚かにも、景気のためと思って主張していたのかもしれないが、まともな一般のごく普通の人々は、したたかに一律10万円を支持した。なぜか。

自分がもらえるからである。当たり前すぎるほど当たり前だが、これに尽きる。

しかし、これは無意識だった人も多い。彼らが、無意識にカネを求めたのはなぜか。

不安だったからである。

みな、カネに困っているのではなく、不安にさいなまれていたからである。

コロナはこの先どうなるかわからない、不安だ。それを払拭したいのである。都知事も「不安を払拭するために８０００億円を支出する」と宣言して人々から喝采を浴びた。

この不安とは仕事が失われる不安というような具体的な不安ではなく、今後、コロナが社会が、どうなるかわからない、というとらえどころのない、いたたまれない不安である。こういうときに慰めるには、マスク２枚ではない。カネである。不安なときはカネを渡しておけば、何か困ったときにはこれを使いなさい、と渡すのがもっとも効果的である。

だから、政治活動としては、全員にただちに現金を配ることがもっとも効果的なのである。すぐ配ることが重要なのである。しばらくすれば不安は軽くなるだろう。そのときに、カネが届いても、悪い気はしないが、感謝はしない。もらってやるか、というぐらいなものである。しかし、その瞬間、人々がもっとも不安なときに、その状態でカネをもらえば、ありがたい。くれた人に感謝する。だから、すぐ、全員にカネを配ったのである。

私はコロナよりも政治に、人間の欲望と感情にうんざりだ。

しかし、うんざりだけでは済まない。これは不安による財政破綻への最短コースだ。

コロナ対策で財政破綻

最後に、さらにもう3つ、コロナ対策が財政破綻をもたらす要因を挙げておこう。

ひとつは、国と地方自治体、今回顕著だったのは、国と都道府県知事との関係だ。

たとえば、政府は、緊急事態宣言を結局2020年4月初旬に出したが、当初は出す気はあまりなかった。しかし、東京都や大阪府に突き動かされて、渋々、最後には出した。

これはなぜか。

日本の緊急事態宣言では、実はほとんど何もできないからである。効力のほとんどない法律である。自粛をお願いすることしかできない。要請とか指示とか出せる、といっているが、所詮は強制力がないから、「より強い」自粛要請に過ぎない。だから、あまり意味がないので、国は使うことをためらっていたのである。

一方、ほとんどの知事たちが緊急事態宣言を要求したのはなぜか。

ひとつは、選挙活動である。毎日、記者会見でテレビに出る。コロナと戦っている勇姿を見せられる。有権者のために、有権者の健康を守るために戦っている姿を毎日見せつけられる。だから、知事がやる必要もない感染者の報告を毎日自ら行い、不要不急の無意味な記者会見を頻繁に行う。これはきわめて合理的で最高の選挙活動だ。

もうひとつは、自分が戦っている姿を見せながら、カネは国に出させるつもりだったからだ。負担は国に、パフォーマンスは自分で。それが少なくとも一部の知事たちの戦略だった。だから、休業補償を国に要求し続けた。有権者のために戦い、カネも配る。そしてその財源は国である。最高だ。

しかし、誤算があった。

国は、有権者の不評を買っても、そこは譲らず、休業補償を国が直接配ることはしなかった。際限がなくなり実施不可能であることは明らかだったからだ。

国が折れると思い込んでいた知事たちは焦った。そして、諦めた。その結果、緊急事態宣言をしながら、休業要請はしない、というちぐはぐなことが起きた。

ここで、財政の豊かな東京の知事は、勝負に出た。ここぞとばかりカネをばら撒くことにした。他の県がどうなろうと知ったこっちゃない。東京は損しない。そして、人気が出た。まわりの知事たちはやむを得ず、お茶を濁す程度に、休業に対する何らかのカネを配ることにした。

しかし、国への世論の圧力は高まり、結局、地方自治体に対策経費のためにカネをある程度分配することになった。

この構図は、実は、世界で財政破綻した国の多くが持っている構図である。アルゼンチンとスペインがその典型だ。各州の権限が強いが、財源は国である。よって、各州はカネを後先考えずばら撒き、中央政府はすぐに財政破綻してしまう。日本もある程度近い構造にあり、それが今回垣間見られた。非常に危険だ。

2つめの日本の欠陥は、政府と国民の間の信頼関係が成立していないことだ。それにもかかわらず、日本社会は、暗黙の信頼関係に大きく依存してきた社会であり、今も、それに依存すべきという価値観が存在することだ。

これにより、政府を国民が信頼していないにもかかわらず、政府は疑いながらも国民を信頼している前提で法律をつくり、政策を打ち出さなくてはならない。

この矛盾は、さらにひどい矛盾の結末をもたらすに決まっている。

例を挙げよう。

政府は、２０２０年5月に、緊急事態宣言を全国を対象とするということを維持したまま延長した。しかし、１週間後には、全国から大都市圏である地域に絞ることに変更した。このちぐはぐさはどこから来たのか。

国民が政府を信頼していない反作用として、政府も国民の行動に疑心暗鬼になっている。この結果、緊急事態宣言を全国から大都市部だけに限定すると、ああもう最悪期は過ぎたのだな、と国民、特に大都市部の人々の気が緩んでしまうことを警戒したことが理由のようだ。つまり、まだまだ行動制限、自粛が必要だ、というポーズを示すために、全国を対象としたまま延長した。

これは無駄だ。相互不信からの無駄な制限だった。

しかし、この背景には、もっと難しい問題が存在していた。それが数々のひずみをもたらしたのだった。

それは、自粛を「お願い」する、という矛盾である。

世界で日本だけがコロナ対策で迷走しているのは、「自粛要請」という論理的に破綻した手段に拠っていることが非常に大きい。

緊急事態宣言というのは、戦時動員体制、戒厳令に近いものであるから、強制力がなければ意味がない。しかし、強制することを目的とする法律が強制力のないものになってしまった。これは、導入のときの野党の反対、世論の圧力によるが、これが日本国民のテイスト、嗜好である。強制が嫌いなのだ。

休業補償をすることに国が抵抗した、ということを先ほど述べた。これは当然だ。今回のような天災に近いものが起きたときに、それにより被害を受けた人々の救済、すなわち、失業や倒産への対策、救援策、これらが最重要である。何よりも優先させる。しかし、コロナ感染防止のための社会政策としての休業要請に対して、補償をする必要はない。おかしい。

本来の緊急事態の法制なら、命令だから、補償する必要はない。国民のため、社会のため、国のために行っているのだから、当然、国民として協力する義務がある。補償は悪いことをする代償であるから、社会全体のために緊急事態宣言をして、感染防止対策を採っているのだから、正義であって、補償の必要は全くない。そうではなく、緊急事態宣言の結果、困難に陥った場合には、その人たちを全力で助けましょう。それが正しい唯一の論理だ。だから、失業、倒産に対しては、普段とは異なり、最大限手厚く対策を打つべきだ。しかし、それがすべてである。自粛の代償ではなく、結果として生活困難になった場合の救済なのだ。

結局、国は、持続化給付金を配った。これは一応論理が通っている。しかし、実現困難性や対策の有効性、効率性から考えると、事前に事業者にあいまいな基準で配るのではなく、資金繰り支援の融資支援を最大限にして、それでも困難に陥った場合に最大限救済するのが、本来の筋である。

しかし、それよりも何よりも、ありえないことが起こった。個人も事業者も自粛の代償を求めたのである。カネをくれなければ自粛に協力しないと。

この結果、地方自治体は休業協力金を配り、国民へは、お礼見舞金10万円を一律給付したのである。政府が国民に慰謝料を請求されて、払ったようなものだ。お互いに信頼関係のないまま、しかも、社会制度、法律制度の枠組みとしては、信頼に基づき、強制力を使わず運営する道を選んでいた。それにもかかわらず、国民におどされて、慰謝料を払わせられたのである。

国民は緩む、という不信感を強く持ちながら、その国民を信頼しないことには成立しない「自粛要請」という手段でお願いした。論理的にうまく行くはずがない。

この代償は、早くも、２０２０年7月に現れた。感染確認者数が、4月よりも多くなっても、緊急事態宣言どころか、各知事も休業要請も何もできず、躊躇し続けた。

カネがないからである。

カネを配って自粛させる、ということが持続不可能であることに気づいたのだ。

一方、国民は、今度は政府や知事が自粛を求めてももちろん言うことを聞くはずがない。前はカネをくれたのに、今度は何のお土産もないからだ。

財政的にも社会的にも実質破綻しているのが今の日本だ。

経済と命の比較がすべてを狂わせる

最後に、最大の欠陥を指摘しよう。それは、経済と命の比較がすべてを狂わせていることだ。

新型コロナの感染確認者数、死亡者数は、欧米に比べると圧倒的に少なかった。それにもかかわらず、経済的な自粛政策は、欧米並みに行われた。少なくとも、社会的には行うべきだという議論が大勢だった。日本の死者数は米国の200分の1だ。交通事故や普通のインフルエンザの死者数に比べてもはるかに少ない。だから、経済と感染対策のバランスをとるべきだ、という議論はタブーだった。

なぜタブーか。日本では、比較できない経済と命を比較しているからである。

普通の社会では、経済と命は別であり、比較しない。したがって、経済も大事だし、命も大事だね、ということになり、むしろ比較しないことでバランスがとれる。

一方、日本では、必ず比較して、命を犠牲にするのか？　という議論をしてくる強硬な人々がいる。こういう人々と、日本で議論しては勝てない。なぜなら、比較すれば、日本では、もちろん命で、経済は二の次になるからだ。彼らは賢く、命と経済をあえて比較することで、比較すれば「命」優先とならざるを得なくなり、経済とのバランス、という議論を封印することに成功することを見越している。

経済はいいのか？　と問えば、彼らの答えは「いいのだ」。

経済がめちゃくちゃになっても、ああコロナだったから仕方ないね。それが彼らの暗黙の論理だし、日本の多くの人々の暗黙の意識だ。

しかし、一方、命がひとつでも失われると、特に有名人の命が失われると、命には代えられないという論理が台頭し、すべてのことが許される。非合理であっても、矛盾があっても、妥当でなくとも、そして、命を救うために実際には逆効果であっても、命を守るために行っていることはすべて許される。

これが、本来比較できない経済と命を比較することによって生み出される「思考停止」状態だ。

日本社会の最大の欠点は、「思考停止」社会であるということだ。

これは、その一例に過ぎない。

情緒に訴えて、論理を封印する。思考させない。そういう議論をたくみに利用する論者が日本にはいるが、これが成立する理由は、日本国民が「思考停止」が好きだから、と私個人は思っている。そうとしか説明の仕様がないのだ。

リスクに関する思考停止は、本章の前半で述べたが、本質は同じだと考える。

さらに最悪なことに、経済と命について、政府が１８０度取り違えをしていることが、政策を決定的に誤らせている。

すなわち、政府には命を救うことはできないのに、経済およびすべてのことを犠牲にして命を救うという姿勢をとっている。自粛、ステイホーム、それはウイルスから逃げているだけで、ただ嵐の過ぎ去るのを待っているだけだ。何の政策でもない。一方、経済は、政府の政策で調節が可能であり、政策によって実現可能なことが多数あり、経済を政策の目的とするべきなのに、命のためにそれをすべて放棄してしまっているのだ。

できることはやらず、できないことを全力でしようとしている。これではうまくいくはずがない。コロナ対策の迷走の背景には、この取り違えが根本的な問題として存在しているのだ。

政府には命を救うことはできない。政府が何をしようとコロナに直接働きかけることはできない。それは科学であり、医学であり、そして人々自身の行動、対策である。政府はそれを促すことしかできない。

そして、それを促す手段としては、日本政府は最弱の手段しか持っていない。強制力のまったくない緊急事態宣言。刀の入っていない鞘だけしか持っていない。鞘で十分国民を脅せると思っているらしいが、万が一、1回目は脅しを信じても、経験すれば、鞘の中に刀は納まっていないことを誰もが知ってしまう。4月の自粛要請は効いたが、7月の政府の呼びかけは無視された。

一方、経済に対しては、政府は直接働きかけることができる。経済活動を活発にしたり、カネを直接出したり、命に直接かかわらないから、合理的に判断でき、効率的な経済対策は本来は議論でき、実施できる可能性がある。論理的にはある。

ところが、命優先である。命は何ものにも代えがたい。そこで「思考停止」である。

そして、すべてはコロナのせいにできる。

しかし、政治が命をひとつでも犠牲にして経済を優先すると、政治は徹底的に非難される。役人は非難される。そして、結果がどうなろうと、命を守ろうとして頑張ったんだから仕方がない。そして、失われた命に対しては涙をながして、後は忘れるのである。

政府にできないことを要求し、できることはさせない。

それが日本だ。その結果が、現在の混乱である。

感染症は、21世紀、いや次の10年間に限っても、何度も来る。そのたびに、日本は衰退していくだろう。

絶望的な気持ちになる。

気持ちだけではない。国民に振りまわされる政治、八方美人の政治、一人を守るために理屈抜き、コスト度外視で寄り添うことを強要する社会、不可能なゼロリスク、安心を求めて無限にカネをばらまく政治、それを要求する国民。

財政破綻は確実で、政府の倒産という最悪の事態が確実に実現する。

絶望的な気持ちで、それをただ待つしかない。

第6章

「アフターコロナ」の資本主義

——原点回帰の「経済モデル」へ

米国は覇権放棄

コロナで社会はどう変わるか。

何も変わらない。変わるように見えるとすれば、コロナ以前の変化が加速しているだけだ。コロナはそのきっかけに過ぎない。

では、社会はどう変わりつつあったのか。

まず、世界の地政学的な動きとしては、米国の覇権喪失。いや覇権放棄と言ったほうがよい。世界の覇権国であることを、名実ともに降りた。トランプ大統領になって、それが誰の目にも明らかになったが、これはトランプでなくとも同じことで、世界の警察であることはとっくにやめており、さらに、国際秩序の維持に対してすら、無関心になったということだ。

これを補うように、あるいはこの間隙を狙って、中国の台頭。これはあからさまだが、コロナ以後も加速するであろう。それは米国の自国主義がさらに顕著になることにより促進される。そして、中国は、アフリカへの支援をさらに強め、アジア、アフリカでの影響力を拡大するだろう。

欧州は分岐点だ。欧州衰退から、その反転の可能性がＥＵ誕生で生まれたが、２００８年の金融危機が欧州危機となり、ユーロ解体のリスクが常にささやかれるようになった（私は通貨ユーロは絶対に縮小しない。むしろ長期的には加盟国が増え、影響力が強まることは確実だと思っているが）。そこから世界的な景気回復（バブルだが）で息を吹き返したように見えたが、その後、移民問題、英国のＥＵ離脱で瀬戸際に立たされていた。そこへ、このコロナ危機。米国と同様に多数の死者を出した欧州。危機をきっかけに結束が強まるか（強めざるを得ないか）、混乱が続くか、分岐点にある。しかし、当面は混乱が深まるだろう。

アジア、アフリカの伸張

アジア各国は、高度成長を達成し、新興国から成熟国へのギアチェンジをどううまく乗り切るかというステージにいたが、このような状況の下、アジア域内志向が加速する。理由は、ほかの選択肢がなくなったからだ。つまり、対米、対中のバランスをとりながら、発展、成熟を目指すという道がなくなったことによる。これからは、自力で、米国抜きで、中国のアジアでの覇権を前提に、中国と向き合わなければならない。

アジア以外で中国が影響力を強めているのはアフリカだ。欧州の影響力が低下し、多くの国が内政で混乱していることも、中国の介入の余地（中国にとってはチャンス）を拡大した。コロナ以後も、これは加速するだろう。

アフリカ大陸内部では、各国の差がこれまで以上に拡大するだろう。我々が不勉強で知らないだけだが、アフリカも国ごとに社会の質に大きな違いがある。良い国は、暗黒大陸アフリカという多くの日本人が持つ古い先入観とは別物の優れた国家として発展していくだろうし、そうでない国は、アフリカに対する偏見のイメージに近い停滞を続けるだろう。

アフリカだけでなく、世界中で、国ごとの総合的な実力の差がコロナ対応によって顕在化した。しかし、これもコロナによって起きたことではなく、従来の変化が加速して起きているだけであって、国ごとの差がより早く明らかになってきたということに過ぎない。

社会が機能している国は発展し、そうでない国は衰退する。それは政府の力だけでなく、社会全体の総合力だ。アフリカは国家として最も未成熟な国が多いだけに、その差が大きく現れ、同時に、優れた社会は国家の力を急速に獲得し発展することになるだろう。アフリカは最もダイナミックな大陸となるだろう。

アフリカが最も成長する理由は2つ。いわゆる現代の社会システムが未発達なだけに発展の余地があり、白地にシステムを構築できる可能性があることがひとつ。新しいテクノロジー、そしてこれまでの他国の経験を用い、優れた社会システムを構築できる可能性がある。これは既得権益がないことも大きい。一方、部族同士の争いなどで、システムができていないのに、既得権益が強く妨害するような国は、逆に無残なことになるだろう。

アフリカが成長するもうひとつの理由は、人口増加率が高いことで、それをプラスにできる可能性があることだ。これまでは人口爆発はマイナスの現象だったが逆になる。高度成長は労働人口の質と量が同時に充実することにより起こるものであるから、アフリカにはそのチャンスがある。感染症に悩まされ続けてきている大陸だけに、その経験を21世紀の感染症の世紀に活かすことができればさらにチャンスは広がるだろう。

こうして、アジアとアフリカが21世紀にもっとも影響力を持つ地域となるだろう。アジアはまさに世界経済を支配するし、アフリカは良くも悪くも大きく変動し、世界に大きなインパクトを与えるだろう。

この流れの中で日本はおそらく難しいポジションに陥ってしまうだろう。

なぜなら、アジアにおける知的先駆者として活躍する大チャンスであるにもかかわらず、旧来の世界秩序に拘り、アジアでもっとも難しく、割の合わないポジションに自ら飛び込んでいくからだ。

米国の覇権は失われただけでなく、積極的に米国自らが捨て去り、もはや何もやる気がないのに、米国秩序を守る一員として最後まで名実ともに中国と対立する立場をとろうとするからだ。

欧州は米国に表面的には追随しながら、ドイツが典型であるように、経済においては90％中国の側に入ってその恩恵に与り、外交的にもうまく両者とつき合い続けるだろう。アジアの国々はもちろん、中国一辺倒で、これは4000年の歴史からいっても、20世紀だけが大きな例外だったに過ぎない。

米国は日本を軍事的に守ることにも関心を失い、日本列島という米国自身のためにもっとも重要なアジアにおける拠点を、覇権の意思を捨てることで、長期的には軍事的にも捨てるだろう。名目的には維持する可能性が高いが、実質的な関心を失っていくだろう。

そうなると、日本は軍事的にも孤立に追い込まれ、経済的にも、ほかのアジア諸国に中国経済圏において遅れをとり、実力に比して不遇な国となってしまう恐れがある。しかし、それを止めようとする国内勢力は存在せず、実際、そうなってしまうだろう。

世界経済もすぐに回復する

世界経済はどうなるか。

資産市場、実体経済ともに世界的なバブルになっていたのが、リーマンショックで崩壊し、しかし、世界的な金融財政総出動により、再び世界的なバブルになり、かなりの期間続いてきていた。それが２０２０年コロナショックにより崩壊した。これが２０２０年３月に起きたことである。

実体経済においては、景気循環がピークアウトし、景気後退が始まりつつあったところだった。そこへコロナショックが襲ってきて、瞬間風速で需要が消失し短期的には大不況となった。

株式市場をはじめとするリスク資産市場も、ピークの高原状態にあり何かのきっかけがあればいつでも長期下落局面に転換する状況だった。そこへ、コロナショックで明らかな売り逃げのホイッスルが鳴り、バブルは崩壊し、前代未聞の乱高下を繰り返した。

そしてどうなったか。

株価はコロナ前の水準にほぼ戻っている。

なぜか。理由は３つ。

第1に、資産市場は世界中の中央銀行の大規模金融緩和により、単純に再びバブルになった。

第2に、コロナショックは短期的であり、長期的に見ると大したショックではない。

第3に、それにもかかわらず、前代未聞の財政・金融政策が採られた。だから、実体経済においても資産市場と同様に、再び、財政金融政策によるコロナバブルが始まった。

では、今後はどうなるか。

実体経済は、もちろん回復する。ただし、強弱入り混じった回復にはなるだろう。

前述の通り、ショックは短期的であり、長期的には普通に戻る。資産は、金融資本も実物資本も傷んでいないから、回復し出せば早いはずだ。

戻らない分野は2つ。人々の心理と国際的な移動だ。

前者は根拠のない不安によるものなので、根拠なく続く可能性もあるし、気づいたら消えている可能性もある。私は、意外と早く消えると予想する。しかし、部分的には永続的に変化が残る領域もある。その大きく需要が減少するいくつかの産業に触れよう。

航空需要は激減

まずは、国際旅客サービス、すなわちエアライン産業だ。クルーズ産業もそうだが、産業の規模としてもっとも大きいのはエアライン産業だ。

物流は減らないが、人の流れは確実に減る。それは個人の旅行客もそうだが、ビジネス客も大きく減少するだろう。

短期的には、ペントアップディマンドと呼ばれる、自粛で待機していた需要が一気に出てくる。これで、需要が戻ったような錯覚に陥る。さらに、政府の景気刺激策で、観光などを促進する政策が採られ、これに反応して一時的に需要が出てくる。

しかし、これらは一回りしたら終わりなので、その後は低迷する。

刺激策に反応するのは、基本的に国内需要だけだ。国際移動は、世界的な流行の時期がずれていることもあり、ゆっくりとしか戻らないだろうし、どの国の政府も過度に国際移動を制限するだろうから、制約は残る。

さらに、長期的には大きな需要の縮小が継続的に起こるだろう。

国際移動の大幅な減少は、2001年9月のテロ、いわゆるセプテンバーイレブン以降も起きた。2003年の感染症SARSのときも起きた。これら2回ともに、国際旅客輸送は30%前後減少した。しかし、今回は、50%以上の減少で、３分の１近くまで短期的には落ち込んだ。

そこからの回復はどうなるか。

一般的な見方はこうだ。需要の落ち方が激しく、またこれまでの危機とは次元が違う。だから、回復はなかなか難しい。しかし、一方、これまで長期的な人の国際移動は増える一方で、加速度的に高まってきたし、これからも高まるので、長期的には大きく回復するだろう。だから、この一時の危機を凌ぎ、将来のために投資をして、人の移動を促すような政策、感染予防対策、人々が安全安心を得られるような対策を大規模投資によって実現して、長期のトレンドにいち早く戻すべきである。したがって、エアラインは政府が何としても支援をするべきである。企業としても、チャンスがあれば、ほかの破綻したエアラインを安く買うチャンスである。ピンチをチャンスに変えろ。こういった議論である。

間違いだ。

２００１年～２００３年当時と比べ、２０１９年の国際旅客輸送量は３倍近くになっている。もちろん、中国をはじめ当時の途上国は新興国となり、人口の多さとも相まって、爆発的に国際旅客は増加した。しかし、なぜこれが持続すると言えるのだろうか。

たとえば、世界の自動車保有台数は、２０００年には７・６億台。もう需要は成熟化したかと思いきや、新興国の予想を超える成長により、２００９年には10億台を突破。しかし、２０１７年には13億台である。つまり、伸びは加速していないのである。

自動車と旅客は違う、と言われるだろう。そのとおり。違う。旅客のほうがこれから減少することは間違いない。

インターネット通信の発達が、これまでもビジネスや娯楽を便利にはしてきたが、ライフスタイルやビジネス慣行を大きく変える動きは緩慢だった。今回のコロナで、唯一変化が起きるのがここである。少なくともビジネスのスタイルは決定的に変わる。リスクもコストも削減でき、効率が格段に高まるインターネットコミュニケーションが爆発的に加速する。

ビジネス出張の代替として、ネットがこれまで使われなかったのが間違いなのだ。メールではやり取りするようになったが、やはり顔を突き合わせないと、というのは単なる先入観で、そういう場合もあるが、そうでない場合もあり、後者が大半なのだ。

ビジネスの旅客に関しても、これまで減らなかったのがおかしかったのだ。疲れる、コストのかかる、リスクも高い手段を維持してきたのが間違いで、それは習慣と幻想に基づく。重要だ、という幻想である。

その幻想はどこからきたのか。

国際間の移動が特別のものである、「ハレ」のものであるという幻想、錯覚である。

かつては、飛行場から国際線で旅立つのは、人々の憧れだった。だから、パイロットやＣＡがあこがれの職業だったのである。ＡＮＡも国内線だけで、いつかＪＡＬに追いつき追い越すために、国際線への就航が悲願だった。海外に行くこと自体がステイタスだったのである。

その名残に過ぎない。

仕事で海外。かっこいい。颯爽とビジネスクラスで1泊3日の出張。超エリートサラリーマンの証であり、かつスタイリッシュである。ビジネスクラスに先に乗り込む人々の、現在も垣間見られる優越感。この名残に過ぎない。

そして、その立場にある人々にとっては、こんなに自尊心を満たし、かつ楽しい仕事はない。だから手放さない。幻想は残しておくに限る。海外に出張というだけで、極めて重要な仕事をしているようなイメージ。出張したことがない人にはわからないイメージ。実は、メールと電話いまやネット打ち合わせ、会議で済むのは明らかなのに、あえて幻想を崩す必要はないから、崩さずにきただけだったのだ。

いまや海外出張の8割がたはただのステイタス、あるいは意味があっても非効率で、8割がたはネットで済ますことができることが誰の目にも明らかになった。だから当然なくなるだろう。

経済とはおもしろい。短期的、部分的には、極めてパワフルな原理で、短期的に効率的な方向に人々を動かす。社会を動かす。一方、長期的、全体的には必ずしも正しい方向に人々や社会を動かさない。ここに社会の歪み、経済優先で社会を壊すという現象が起こる。それをおもしろいと言っていいかわからないが、海外ビジネス出張という習慣にもこの原理が強力に当てはまる。

短期的な効率性から、海外出張は大幅に減少し、この傾向は継続するだろう。一方、直接会うことにより生まれる価値は、長期的にビジネス世界には存在しなくなるだろう。その結果、ビジネスにおける異文化間の人と人との出会いは激減し、おもしろいビジネスが生まれにくくなり、画一的なグローバルモデルしか残らなくなるかもしれない。

一方、個人の観光による国際旅客は別のロジックで急減するだろう。一時的には減らないかもしれない。前述したペントアップデマンド、つまり、この数カ月自粛していた娯楽需要、ストレス発散需要が出てくるからだ。しかし、それでも国際旅客ビジネスにはほとんどプラスにはならないだろう。

彼らは単発である。ビジネスのようにリピーターになるわけでもない。同時に、価格に非常に敏感である。安ければ殺到し、高ければ誰も行かない。ウォン高になって、韓国旅行が急減したように、日本への観光客が最近急増した背景には、強烈な円高から円安になり、また物価もずっと上がっていないことから、非常に割安になったということがあった。

したがって、コロナ後も、政府の政策でお得になれば行くし、航空会社がチケット代を大幅ディスカウントすれば行くが、そうでなければ行かない。いわゆる格安航空会社ＬＣＣの主なターゲットは、飛行機に乗ったことのない人、海外であれば、海外旅行に行ったこともなく、行けるとも思っていなかった人々であった。

だから、これは数が大量に来なければ儲けには貢献しない。さらに、それが継続しないといけない。しかし、これは一巡すれば終わってしまうから、長期的には航空会社の利益にならないのである。

したがって、観光客も増加はなく、ビジネス客が大幅に減少し、それが継続する国際旅客ビジネスは長期的にも苦しくなるだろう。

観光は戻らない

そして、今述べた個人の観光旅客の議論は、そのまま観光に当てはまる。

エアラインと同様に、長期的にも苦しくなるのは観光産業だ。

２０１２年以降、日本への海外からの旅行客は急増し、以前は年間１０００万人が遠い目標だったにもかかわらず、現在では（コロナ前の２０１９年には）３０００万人を超え、目標が４０００万人に設定し直されたところだった。

しかし、これはコロナがなくても持続しなかったであろう。

第１にバブルであった。インバウンドバブル、爆買いバブルである。

第２に一巡して落ち着いてしまった。一度は行ってみたいが、二度目はよっぽどのことがないと行かない。中国の14億人の人口は大量であるから一回りするのに時間はかかるが、必ず一回りする。一度は来たいと思っていた人は全員経験済みとなる。そうすれば終わる。

第３に、中国の観光客に顕著であったが、彼らは急速に経験を積んでいった。単純な日本風なものでは満足しなくなっていった。この結果、単なる日本旅行、日本製品だけでは飛びつかなくなったのである。

３点目が最重要だ。これがすべてを表している。日本の観光による成長戦略とは、子供だましであり、一時的なバブルに乗っただけのもので、もとから破綻することは必至だったのである。

これは政策が悪いのではなく、観光業全体の責任である。われわれもみやげ物屋に行って、いかにもみやげ物というものを買って、その後、後悔したことはあるだろう。なんでこんなものを買ってしまったのか。外国人が意味不明の日本語をプリントしたTシャツを喜んで買っているのを笑って見たことがあるだろう。「一番」とか「忍者」とかプリントされたTシャツを買う日本人はいないし、「東京大学」とプリントされたTシャツを買う東大生はいない（両親やおばあちゃんは買うかもしれないが）。

子供だましである。子供だましはおいしい。儲かる。しかし、子供は大人になる。大人になれば買わない。いや、子供でも二度目は買わない。そういう子供だましのみやげ物を売って、忍者テーマパークに外国人観光客を呼び込み、コロナで来なくなって、日本国内観光客にターゲットを変更してと言っているようだが、日本の子供は忍者にはだまされない。

要は、顧客をバカにした、ぼったくり商法である。

顧客などと思っていない。観光客だ。爆買い客だ。バカにしている。そんなサービスが持続的に受け入れられるはずがない。

実は、住宅の購入も同じだ。住宅は、我々にとっては、人生でもっとも高い買い物なのに、仲介業者のセールスマンは経験のない、セールスマンとしてはどうみてもほかの業界よりも経験不足でレベルの低いことが多いのは、買い手をバカにしているからである。個々のセールスマンが、というのではなく、業界の体質として、である。努力しているところもあるが、それは少数派で、ほとんどが勢いと甘言だけで売ろうとしている。

理由はただひとつ。こちらが経験不足であり、リピーターとしてまた出会う可能性がゼロだからだ。人生で一度の買い物ならば、未経験だし、興奮していて冷静でない。こういう客を手玉にとるのは簡単である。そして、次に売買することはほとんどない。あるとしても自分は仲介しない。この結果、業界としては安易な方向に流れていってしまうのである。

これは客の側が基本的に悪い。経験不足なら買うべきでないのだ。アドバイザーをつけて、彼らに十分謝礼をして（お金を払って）、住宅は買うべきなのだ。みな安易に買いすぎる。住宅ローンは熱心に比較検討するのに、家そのものの比較はいい加減だ。えいやっ、と決める。妻にせがまれて決める。子供の学校の意思決定に追われて決める。それではだめなのだ。

しかし、観光客は、一度目は愚かだが、経験を積むことができる。一度日本に行けば、二度目は子供だましのおみやげは買わない。子供だましのツアーにも行かない。だから、バブルはすぐに弾ける寸前だったのである。

これを広くとらえると、観光業というものが難しい立場に立たされる。不要不急で移動を控えろと言われて、もっとも減ったのが観光である。次に、さあ戻れと言われて、戻りにくいのも観光なのである。

なぜか。不要不急だからだ。

娯楽はすべてそうだと言われるかもしれないが、違う。娯楽は明らかに不要ではないし、不急でもない。娯楽をゼロにしたら、生きていけない。人間は、毎日、瞬間瞬間、娯楽で生きている。仕事の合間に冗談や無駄話をしなければ死んでしまう（仕事ができなくなってしまう）。娯楽は絶対に必要だ。

しかし、それが観光である必要はない。観光はビッグイベントだ。今度の休みに、旅行に行こうか、というのは年に数回あるいは一度あるいは数年に一度のイベントかもしれない。ただし、それで得られるものは娯楽である。インパクトのある娯楽かもしれないが、代替の利かないものではない。いや、この世でもっとも代替の利くものである。

パチンコ中毒はある。ゲーム中毒ももちろんある。鉄道中毒もある。いろんなマニア的な趣味がある。娯楽であるが、中毒になる。しかし、観光中毒はない。

旅行中毒の人はいる。しかし、彼らの旅行は観光ではない。多くが、観光とは無縁の地元の人々と交流したり、さらに地元民化したりする。観光を超えて滞在、生活になるのである。

観光とは非常に表面的なものだ。よく考えると要らない。ただ、表面的だが楽しい。あるいは表面的だからリラックスできる。軽く楽しめる。それはそうだ。その意味で必須かもしれない。

しかし、これにコストがかかるようになった。エネルギーも手間も、そして多くの人々にとっては不安、リスクが加わるようになった。そもそもの観光の本質、気軽にリラックスして、すべての面倒を忘れて楽しむ。それができなくなってしまっては、観光は意味がない。コストの高い不人気な娯楽になってしまったのだ。

一方、滞在型の旅行は増える。毎年訪れるリピーターの多い宿も生き残る。シェアリゾート、別荘などはむしろ人気が上がるだろう。

しかし、このような滞在型、毎年同じ客が同じ時期に訪れる必須の滞在に耐えうる観光地、宿泊施設は、１００分の１にも満たないだろう。選別がはかられる。そして、旅行客の総数は減ることになる。海外はもちろん激減だが、国内旅行も減少する。これが現実であろう。

消費はほとんど不要不急

実は、これは観光業にとどまらない。

経済全体が同じ状況に陥っているのだ。

現在、我々が消費しているものは、ほとんどが不要不急のものだ。なしで過ごせ、と言われれば、いくらでも過ごせる。楽しくないかもしれない。しかし、生きてはいける。自由を奪われるというのは別の問題だ。不要不急のものが現在消費しているものの5割あるとして、その半分を失っても我々は自由を失わない。今の消費を75%の水準に落とせと言われれば、必ず落とせる。

この議論に対しては非難が集まるだろう。生活がぎりぎりの人たちもいるじゃないか。そんなのは一部の富裕層の話だと。個々人はいろいろあるだろう。しかし、ここで言っているのは、すべての個人という話ではない。経済全体の話だ。

そもそも、前述した、旅行、観光に、人生のうちで行けない人々もいる。だから、個々人の話を考慮すれば、観光の議論をしている時も同じような問題がある。ここでは経済全体の話を考える。

経済全体で、無駄な消費、不要不急の消費は最低でも25%ある。普通に考えれば50%はある。そういうことだ。

具体的に言えば、不要不急の世界になれば、ポルシェもフェラーリもマセラッティもこの世からなくなるだろう。レクサスだってなくなるだろう。カローラとプリウスの世界になるだろう。

アパレルも半分なくなる。YouTubeだって半減するし、ネット企業もあらかた消えて、巨大な一部と小さい精鋭が残るだろう。テレビ局のバラエティ番組は半分になるし、そもそもテレビ局は半分になるだろう。お菓子の数は半減するし、コンビニも半分。夜の店は全滅はしない。半分。娯楽は必要だからだ。しかし、半分の娯楽はなくなるだろう。ラーメン屋も半分。大学ももちろん半分なくなる。

それが現在の経済だ。

経済は無駄で成り立っている。成り立っているという言い方はおかしいかもしれない。経済が半分になっても成り立つからだ。半分の無駄を謳歌させて、経済成長を達成してきた。そういうことだ。

コロナショックで我々がもっとも必要とし、かつ入手できなかったものは何か。医療機関における防護服とマスクである。

なぜ入手できなかったのか。足りなかったからである。

なぜ足りなかったのか。つくっていなかったからである。

なぜつくらなかったのか。儲からないからである。

儲けるために、非常に高度な医療機器をつくって、需要側は、それに何億円、何十億円と払ってきた。しかし、基本中の基本のマスクと防護服が足りずに、死者が続出した。しかも、今の社会でもっとも貴重なもの、リスクを冒して全力で患者と向かい合う意思のある医師たち、看護師たち、施設での介護士たちが死んだのである。

そして高度な医療にカネをかけ、美容医療にカネをかけ、快適に過ごす医療にカネをかけ、延命で家族からカネをむしりとる医療にカネをかけてきたのである。

そして、人々は反省した。

過去のことはいいから、とにかく、至急、防護服とマスクをつくってくれ。しかし、それがつくれない。

なぜか。マスクをつくる機械がないからだ。

新たに作ればいいではないか。いや、それは中小企業の特定の企業がつくっているので、ほかの企業ではすぐにはつくれない。車の需要が激減したのだから、最先端の自動車工場を転用すればいいのではないか？

そう簡単ではない。

なぜ？ わからない。

現在の経済システムは謎

現在の経済システムは謎だ。

アダム・スミス以来、経済学が300年にわたって、効率的だと言ってきた市場経済は、危機に対して即応できないのだ。

まず、資源配分を適切にできない。マスク、防護服の例で明らかだ。それさえあれば、医療機関、介護施設での死亡者数は半減しただろう。フランスでの死者の4割が介護施設およびそれに類する施設だった。

これは需要の読み誤りからきている。市場経済は需要をきちんと予測できないのだ。それは不確実な時代だから、と言われる。そうではない。不確実性は、実は、自ら生み出した市場における価格の変動、人々の嗜好の変化によるものである。市場をつくったことで不確実性が生まれたのである。

必需品はずっと変わらない。それに対応せず、いつ変化するかわからない、ぜいたく品、娯楽から派生する嗜好品にほとんどすべての資源を費やしてきたのだ。必需品であっても、普通につくっては儲からないから、無駄に（あるいは利益を得るために賢く）嗜好的な部分を付加する。自動車のブランドは信頼性への評価で十分なはずだが、ファッション性、ステイタスなどの価値が大半になってしまっている。

第2に、資源配分の誤りに気づき、それを修正しようとしても、それができない。経済環境の変化に柔軟に素早く対応できるということこそ、市場経済の計画経済に対する圧倒的なアドバンテージとして、経済学が主張してきたことだ。しかし、それは現実には機能しなかった。

なぜか。人々は強欲だからである。

儲からないことはやらない。マスクの生産に急激に舵を切っても儲からない。だからやらない。一時的な儲けにしかならないし、ライバルが殺到すれば、すぐに生産過剰になって、投資が無駄になる可能性がある。だからやるのはバカだ。合理的でない。

そして、マスクも防護服も、中国でしか急激に増産されなかった。

中国の強権政治を攻撃し続けてきたが、マスクや防護服の生産や配分では、西側はまったく敵わなかった。それは強権政治が優れているということではまったくなく、基本的な資源配分ですら市場経済ではできないということであり、市場経済の致命的な欠陥があることを示しているに過ぎない。

第3に、社会として適切な意思決定ができない。社会のために何を誰に配分するか。日本であれば、医療機関の分担をどう割り振って、効率的に機能させるか。それもできなかった。個々の医療機関の利害が優先されたからだ。一肌脱いだ医療機関が賞賛された。しかし、それは一部の人々しか気づかず、またすぐに忘れられる。政府がこの機関の面倒をみるしかない。しかし、これは市場経済の失敗を政府が補っただけで、それは市場が機能することを表しているのではなく、機能しないことを表しているだけだ。

第4に、必要な情報が手に入らない。現代は情報社会。もっとも効率的に情報が流布する時代だ。しかし、流布する情報は誤った情報ばかり。少なくとも溢れる情報を前にほとんどの人々は適切な判断ができない。むしろ、テレビなどのメディア、SNSなどのインターネットメディア、ネット口コミに翻弄され、パニックになる。必要な情報でなく、パニックを広めているだけのメディアであり、情報社会だ。まさに悪貨が良貨を駆逐するという世界だが、より洗練されたと言われている社会で、人々はよりパニックになる。

我々はいったい何をしているのか。

何のために文明を進歩させてきたのか。

何のための市場経済社会なのか。

これは市場経済というものの根本的な欠陥からきている。それは直しようがない。

唯一の道は、直せない欠陥を十分に認識し、それに対する準備、対応を、人々が社会がしておくことだ。それが今後の社会の最優先の課題である。

人間モデルの設定の失敗

では、根本的な欠陥とは何か。

第1に、人間は、論理的ではなく衝動的であり、長期よりも短期を優先する、という経済主体であるにもかかわらず、まったく逆の想定で経済理論をつくってしまったことだ。ただ、それだけならば、理論の欠陥、間違った学問ですんだのだが、それに基づき、市場経済をつくり、さらには社会をもつくってしまったのが最大の罪だ。

人間の行動はどちらにも振れる。しかし、危機であればこそ、もっとも重要な場面であればこそ、動物としての本能を発揮する。これは本来優れたことだ。それが発揮されると破綻するような社会をつくった我々が悪いのだ。それを戻すしかない。

個々の人間が衝動的になっても社会は安定している。その個人を是正する。短期志向のインセンティブが抑えられる。個々の誤りに対して頑強な（英語ではrobustな）社会をつくるということだ。そして、それは現在の資本主義市場経済とは正反対の社会だ。

これが、私が考える行動経済学の第1の目標、当面のゴールである。

アダム・スミスに始まる市場経済メカニズムの研究により、結果としての市場均衡が理想的な社会の姿であると信じられてきた。いや、経済学は信じようとしてきた。

そして、それは誤りだった。

最大の理由は、市場の失敗ではなく、人間の失敗である。

いや、経済学における人間モデルの設定の失敗である。

人間が経済合理的な存在であり、その人間が市場をつくれば、その市場社会は、資源配分を効率的に行い、効率性という意味では理想的な社会をもたらす。このような経済学の理想的な結論を導き出し、あるいはそういう結論になるように、理論の前提となる仮定をつくり上げてきた。

その根本の、原初の仮定、人間が経済合理的な存在である、ということが最初から間違っていたのである。

経済学はもちろんそれに気づいている。これはあくまで仮想の前提である。仮想の世界をつくり上げることにより、現実へのベンチマーク、理想の姿としてのベンチマークがつくれるのだ。そのように主張してきたのである。

これは誤りである以上に害悪だ。ベンチマークの理論が現実から離れているだけでなく、経済学が掲げる理想が、人間社会にとっての本当の理想像の対極にあることが最大の欠陥なのだ。つまり、目指しているゴールがそもそも大きく間違っていたのだ。

誤りの根源は、合理的な経済主体であるとした、人間の行動モデルがベンチマークとしても致命的に誤っていたことであり、その帰結は経済学が想定した以上に社会を誤った道に導いた。

行動経済学は、現時点では、人間の非合理性が生み出す愚かしい現象をエピソード的に取り上げている段階だが、究極的には、新しい人間行動モデルに基づく、新しい経済社会観を提示しなければならないと、私は思っている。

経済成長はどこから来るのか

経済学の致命的な誤りの第2は、経済成長の考え方そのものが誤っていることだ。

経済成長はどこから来るのか。この問いに現在の経済学はきちんと答えていない。

かつてシュンペーターは、経済発展は創造的破壊と新結合により生まれると言ったが、これは全体として正しくはないが、一面としては意味がある。しかし、その一面ですら、その後の経済学は受け継がなかった。

経済学の近代的始祖のアダム・スミスのほうが、まだ正統的であった。

スミスは、富の源泉は分業による生産力の上昇にあるとした。資本の蓄積によって、時間のかかるかつ大規模な分業も可能になるとし、これは資本主義が経済を成長させるという考え方の拠りどころとなった。

一方、これと別の路線として、マルサス的な成長論がある。つまり人口増加が経済規模の拡大をもたらす、という考え方だ。

これらを引き継いだ「振りをする」近代経済学は、合理的に効率よく（安易に）この2つを結びつけ、生産要素である労働力（人口）と資本の増加が経済規模の拡大、すなわち経済成長の源泉であるとした。そして、この2つの生産要素の増加では説明できない経済の拡大を生産性の向上によるものであると仮定し、それを全要素生産性の上昇と呼んだ。そして、この生産性の上昇がどこから来るかの説明は理論モデルの内にはどこにもない。それどころか、実証研究では労働力と資本の増加で説明できない「残差」をこの生産性上昇と呼んだのである。

この問題を現代の経営学者たち（と経済学者の一部）が、「見事な」解釈で乗り切った。

すなわち、これをシュンペーターの「創造的破壊からの新結合による経済発展」という理論と重ね合わせ、イノベーションという言葉をつくり上げた。そして、巷のエコノミストたちは、この説明できない生産性上昇の部分を勝手にイノベーションによるものと解釈した。この結果、イノベーションが起きない経済は成長しない、という議論が当然の前提としてなされている。

全くの誤りだ。

経済成長理論全体をここで議論することはできないが、もっとも致命的なのは、マルサスの人口増加による成長を超える成長がどこから生まれているのか、その理論を構築することを放棄して現象の説明に終始していることだ。

マルサスの議論は説得的だ。農業生産力が増大すると人口が増える。これが経済成長となる。なぜなら、人間は生存するためのぎりぎりの消費だけを行っているから、農産物の生産が増大すれば、支えられる人口が増え、そうすると労働力が増え、経済全体の生産力が増え、経済は拡大する。非常に明快だ。

しかし、その先はどうなっているのか？

わからない。

スミスの議論を受け継いだ近代経済学は途中までは明快だ。

資本蓄積が進み、十分に分業ができるようになり、機械設備が利用可能になり、生産力が上がる。それで、人々が入手できるモノの量が増える。経済は拡大し、一人当たりの消費水準も上がり、豊かになる。

ここまでは良い。その先が問題なのだ。

その先の理論が必要なだけでなく、そもそも現実にもその先が存在するのか、ということが問題なのだ。

資本家が資本を投下して機械設備を買い、生産力を引き上げる。モノを大量に生産する。以前よりも多くのモノが生産できる。だから、生産量は増え、経済規模は拡大する。

ここで終わっている。

いったい誰がこれを買うのか？

正確に言えば、人々はこれを全部買えるのか？

実は、これは経済学の歴史の中では真摯に取り組まれてきた問題である。

供給が先か、需要が先か。古典的に正統派の経済学は、セーの法則と呼ばれる「供給は需要をつくり出す」と主張した。一方、ケインズは有効需要がなければ、それは需要されず生産物は余剰となり、不況になると主張した。これが大恐慌時の論争、ケインズの有効需要の議論（の一部）である。

しかし、伝統的には、より真摯に、現実の深刻な問題に基づいて経済学で議論がなされてきた。そしてそれはいまや忘れられている。

19世紀までの経済学の議論では、世の中の消費財（モノ、サービス）は、必需品とぜいたく品の2つに分けられるという想定が一般的だった。農民は必需品だけを消費し、生存水準の消費ができれば、生命が維持され、人口が維持される。しかし、それ以下だと減少し、それ以上だと人口が増えるとされた。マルサスの世界である。

農民以外は貴族（または資本家）と地主であり、彼らは、必需品以外にぜいたく品を消費した。生産が増えて、富が増えると、ぜいたく品の消費が増え、彼らは貯えがあるから、資本蓄積を利用して、拡大された生産品を消費し、豊かさを享受した。このような世界である。

これを経済学の伝統とは別の角度から議論し、主張したのが、ゾンバルトであり、彼の多くの主張のうちのひとつは、『恋愛と贅沢と資本主義』という著作に集約された。貴族の恋愛から生まれる贅沢により需要が増大し、資本主義が生み出され、経済は拡大していったという主張である。

必需品とぜいたく品の議論抜きでは、経済成長の本質そして謎は解決しない。「経済成長の源泉はどこからやって来るのか」という謎が。

自給自足に回帰せよ

実は、アダム・スミスは、きちんと問題を提示している。分業は市場の広さに制約される、という主張が『国富論（諸国民の富）』の中にある。この解釈はいろいろあるが、ひとつは、必需品を需要できる消費者の広がりが十分になければ、高度な分業をして生産を拡大しても、その生産物を売り切ることができない、というものである。

したがって、経済成長は需要に制約されるのである。

経済学の現在の体系では、経済成長理論は、生産力が上昇すればよく、それは長期の供給サイドの理論とされ、景気に関しては、短期の需要が増えればGDPは増えるという短期の需要サイドの理論で処理され、成長と景気は統一的に理論化されていない（それに成功したというコンセンサスのある理論がない）。

そして、結論を見出せていない経済学者たちよりも不誠実な有識者たちは、問題に目をつむって、イノベーションという言葉で、現在の経済問題を処理してしまっている。経済の問題はイノベーションがすべて。イノベーションがあれば経済成長し、人々は豊かになる、と安直に考えているのである。

イノベーションとは何か。技術革新でなくてよい。新しいサービスで消費者が求めるものであればよい。結果的に高く売れて、企業の側が儲かれば、儲けを拡大すれば、それはイノベーションであり、成功であり、これが経済の活力を生み出し、成長を持続させる、と主張して有識者面をしている。

経済理論としても、社会の目標としても間違いだ。

ただ、一方、現実社会はそうなっているから、悪い実態の告発としては合っているかもしれない。

企業と起業家は、広告を駆使して、人々の消費意欲を刺激し、富に余裕のある人々に目新しいモノ、サービスを消費させる。そして支出増大させ、利益を上げ、経済規模の足元の拡大を実現する。ただし、それは新しいぜいたく品、「非」必需品、つまり「無駄なもの」の消費を拡大させることにすぎない。しかし、それしか経済拡大の源泉はない。多くの人々の必需品の消費は満たされており、彼ら消費者も、売上げを増やしたい企業側も、追加の欲求を探しているからである。必需品が満たされていない生活者もいる。しかし、それは経済問題ではなく、社会福祉問題として処理される。

ただ、広告やブランドイメージだけの競争では限界がある。爆発的な儲けにはならない。そこで、もっとも偉大な起業家あるいは企業家は、ぜいたく品を必需品に仕立て上げ、富裕層だけではなくすべての人々に消費させようとする。それに成功したのが、偉大なイノベーションとして賞賛されることになり、この企業と起業家は、世界でもっとも尊敬され、もっとも富裕な企業と人間となる。

たとえば、スマートフォンという便利だが以前はなくても暮らしていけたものを必需品として仕立て上げ、人々の消費量を半ば強制的に増大させた。スマートフォンが行き渡ったら、そこで、娯楽をさせゲームをさせチャットをさせエンターテイメントをさせ、つながりや噂話をさせ、儲けた。

スマートフォンだけを責めているのではない。現在のほとんどすべての経済成長は、ぜいたく品を必需品と社会に思い込ませ、企業群が利益を上げることにより、実現しているのである。それが現実なのだ。

それは本当の経済成長なのだろうか。

成長という言葉の定義はどうでもいい。これはわれわれの求める社会なのであろうか。

感染症という基本的な人類の危機に対する、基本的な道具、マスク、防護服が作れない社会が、理想的な高度に成長した経済社会なのだろうか。

新型コロナに対して、技術はほとんど何も使えず、ただ屋内にこもる、ステイホームという原始的な対応が高度な現在社会の答えなのだろうか。その原始的な方法をスマートフォンで周知することが高度に発達したメディアや現代政府のやることなのであろうか。

この危機を経験したにもかかわらず、根本的な経済社会システムを見直さずに、集中治療室をさらに拡大して、普段は富裕層しか使えない設備を増やすことが、人類の危機への対応なのだろうか。

われわれは、必需品の生産をないがしろにして、ぜいたく品ばかりをつくることに終始してきた。それで成長が行き詰まると、さらなる革新的なぜいたく品を生み出そうと努力してきた。いったい何を求めてきたのだろうか。

分業による生産力の向上による豊かな社会の実現、市場経済による豊かさの実現とは、狭い地域での自給自足を、少しずつ広い高度な範囲での自給自足にして、地に足をつけながら経済生活水準を高めることではなかったのか。

今、われわれが目指すべきものは、自給自足、それの効率化、少しずつの拡大ではないのか。そして娯楽などを含むプラスアルファ、自給自足プラスアルファが、われわれが本当に欲しいものであり、暮らしたい社会ではないのか。

健康であり、それに少しの楽しみがある、ささやかな幸せこそが、すばらしい人生と社会ではないのだろうか。それが実現できない高度な経済社会とは何の意味があるのであろうか。

まず、自給自足に帰る。そこから、少しずつ効率化、高度化を目指して分業する。プラスアルファを得る。それを少しずつ広げていく。

そういう経済社会の素朴な理想に原点回帰するべきではないだろうか。

あとがきに代えて

これからどうなるのか。

コロナは収束する。

そして、バブルになる。金融、財政出動によるバブルになる。

株式市場はすでに、最後の短期バブルが始まっている。コロナショックで崩壊したバブルを救済するためのバブルだ。救済のための金融緩和は、中央銀行の能力を超えており、これで最後のバブルになる。

実体経済も大幅財政出動により、バブルとなる。この10年のバブルの崩壊処理を先送りする世界的大規模財政出動により、バブルになる。

そして、金融市場も実体経済もバブルは崩壊する。

財政破綻により、維持不可能になり、崩壊する。

強毒化したウイルスあるいは新しい感染症により、経済封鎖と財政出動による大規模な現金給付を迫られ、それを拒否する政権が倒れ、新政権が人々の不安を収めるためにカネをばら撒いて、財政破綻が実現する。

感染症ではない危機でも同じで、人々が財政出動を要求し、そして破綻するだろう。

この後が、重要である。

第１に、短期バブルは崩壊する。

第２に、辻褄合わせの、バブル崩壊の後始末を先送りするためにつくられたバブルの生成、崩壊の連鎖は、ここで終わる。アフターバブルのバブルはもうつくれない。なぜなら、金融政策も財政政策も原資が枯渇するからである。

第３に、アフターバブルのバブルがつくれないということは、中期循環のバブルも終わる。１９９０年の冷戦終了からの中期の実体経済のバブルが終わり、混乱を経て、停滞期そして安定期に入る。30年のバブル拡大局面が終わる。その前の停滞期はオイルショック前からだったから20年程度で、今回の停滞も10年単位で数十年に及ぶものになる可能性がある。

なぜ、中期バブルが維持できないか。短期の資産市場の金融バブルはつくろうと思えばすぐにつくれる。投資家たちが皆で特定の資産を買いまくれば、その資産市場はバブルになる。しかし、実体経済の中期のバブルは、３つの要素が必要だ。流動化、外部、フロンティアである。

コロナショック前、つまり、リーマンショック終了後、このフロンティアと外部はすでに失われていた。ＢＲＩＣｓという言葉が流行したように、２０００年からの数年で、新興国のほとんどは、中間所得者層の増大で、日本の高度成長のような経済の拡大を実現してしまい、もはやフロンティアは存在しなくなっていた。そして、中国経済が拡大し、米国と規模も影響力も肩を並べるほどになり、グローバル経済と一体化しつつある。外部と呼べる経済圏はなくなった。流動化は、リーマンショック前の世界金融バブルまでにとことん進んでいた。これ以上の流動化は難しく、むしろ反動で、今後は固定化が進むと思われる。実際、グーグル、アマゾン、アップル、フェイスブックなどのこの10年でもっとも成功した米国企業のビジネスモデルは、流動化したネット市場において顧客を囲い込むことによって利益を上げており、市場は反流動化をすでに開始していた。

したがって、中期の実体経済バブルの３要素がすべて失われており、中期バブルも終わる。リーマンショック後に終了していたのだが、世界的な大規模金融緩和、量的緩和という歴史的にも異常な政策により、無理やり延命に成功し、中期バブルの終了も遅れたが、ついに終わる。

第４に、長期のバブルが終わるかどうか、ひとつの分岐点にいる。短期バブルと中期バブルの崩壊の痛みに耐えられず、短期バブルをつくり、それを通じて、中期バブルを延命しようとする可能性はある。つまり、完全な外部はもはや存在しないが、中国の部分的に外部として残っている部分を市場資本主義社会に完全に取り込むことによって、延命する可能性である。

短期バブルは、世界中で財政破綻が起き、崩壊しかかっているところを、中国の財政、金融出動により、再度作成させることができるかもしれない。これは市場の投資家たちがその流れに乗り、それを拡大し、バブルをつくって逃げ切ろうとすればできる。一方、実体経済も中国経済に依存して延命を図る可能性はある。中国を市場経済に取り込んでいるように欧米社会は振る舞うだろうが、それは、取り込んだはずの中国に乗っ取られるか、あるいは、中国の経済市場システムに参加して、中国経済圏に一人ずつ取り込まれていき、彼らが多数派になるか、どちらかのプロセスで実現するだろう。

中世から近代の始まりも、いやほとんど新しい時代の始まりは、周辺から起きている。中国が外部であるならば、「周辺」の中国が中心となるシステムに移っていくだろう。

そして、これは歴史的には違和感がない。米国が、世界の中心になったのは20世紀というたかだか１００年の話であって、歴史における例外だ。中国４０００年の帝国が戻ってくるほうが、普通の歴史に戻る、通常の世界に戻るともとらえられる。

そうなると、これは近代資本主義の終焉ともなりかねない。新しいシステムが始まるのである。新しい、長期のバブル循環を準備するための停滞期、移行期に入ることになる。違う道もあるだろう。中国はもはや外部ではなく、グローバルは一体化してしまっていた。そうであれば、外部は存在しないから、中期バブル崩壊の処理をする必要がある。ローマ帝国が滅亡した後の中世欧州社会は、農業の生産力上昇で力を蓄えた。バブルに頼らず地味に力を蓄える時代になる可能性もある。

そのときの経済社会は、どのような世界になっているか。

バブルは終わっている。

ただの量的な経済の拡大を経済成長と呼んだ時代も終わっている。

質的な充実を図る経済が静かに営まれている。

すなわち、自給自足、安定的な日々の営みを循環的に毎年繰り返す、安定した自給自足循環経済となっている。

新しいぜいたく品を次々と人々に消費させて、経済の規模の拡大を図った経済、マーケットエコノミー、市場資本主義経済、別名バブル経済、これは終わっている。

ぜいたく品の消費はなくなる。必需品が経済の中心、ほぼすべてとなる。現在、われわれが消費しているものの多くが選別されて、廃れていくだろう。そして、古臭くなったぜいたく品に代わる新しい流行のぜいたく品が次々と登場する、ということもなくなっていくだろう。必需品が同じように繰り返し消費されていく。その中で、少しずつ質が向上していく。しかし、それはカネにならない。ただ消費者の満足度が高まるだけである。市場でそれを売ろうとするには、消費者を刺激して、新しい追加的なカネを出させないといけないが、循環しているから、新しい余計なカネはない。技術進歩はカネにはならないが、消費者と社会を豊かにしていくのである。

　このような必需品はバブルにならない。このような商品はバブルにならない、と言いたいところだが、商品と名がついた瞬間にバブルになる可能性がある。農作物は、穀物と商品作物に分けられるが、自分で消費する必需品でなく、カネを得るために栽培するものが商品作物である。分業として商品作物に集中して生産を行った場合、売れなかった場合には、食べるものがなく飢え死にしてしまう。コーヒーはカネになるが、飢えは凌げないし、つくった本人は飲んでみようとも思わない。資本家につくれと言われて、カネのためにつくったのである。

　現代経済社会に生きる我々は、皆、商品作物をつくって生きている。商品のほとんどはぜいたく品だ。ぜいたく品は一旦売れなくなったら誰も買わない。我々はみな飢え死にしてしまう。その危機に直面してから作物をつくるのでは間に合わない。コメもマスクも収穫までに時間がかかるし、市場メカニズムではすぐには対処できないのだ。

これが変わる。自分でも使うものだけがつくられ、自分で使わなかった部分はおすそ分けを仲間にする。少しは外部に売る。自分でも必要な必需品がつくられ、交換され、売買される世の中になっている。人に売るためだけの商品は誰もつくらなくなっているだろう。そうなればバブルにはならない。ぼったくり商品、別名付加価値の高い商品、別名イノベーションによる新製品で独占的利益を獲得ということはなくなるであろう。

特許制度は、開発するインセンティブとして経済にとって非常に有用な制度であったが、もしかすると、今後はそうではなくなるかもしれない。いい薬を開発したのに、米国の金持ちだけが使えて、インドやバングラディシュでは使えない、というのは薬の発明者としてもうれしくないはずだ。みんなが使うことができて幸せになり、発明者の自分も豊かになれる仕組みがあれば、すべての人がハッピーだろう。そのような仕組みが徐々に出来上がっていくだろう。

現在の特許制度は妥協の産物だ。これは停滞期になって初めて進歩するだろう。制度も技術も、停滞期にこそ、進歩するのだ。バブル期には、既存の制度、技術を前提として、利益を最大限にする工夫、その巧みさだけが発達する。

バブルは、マクロ経済的にも、個々の商品からも消える。必需品の循環経済、その中で、必需品が少しずつ進歩していく、技術進歩が起きていく、そういう世界となるだろう。

この世界こそが、真の経済成長が実現する社会である。

さて、このような大きな変化が起こり得るときに、日本はどのような準備をするべきであろうか。

心配なことは2つある。

第1は、財政破綻である。日本は間違いなく財政破綻する。どの国よりも、財政出動が寛容で、大盤振る舞い、サービス満点だからである。そして八方美人だ。右も左も、格差も関係ない。みんなにいい顔をする政治、政府、人々、社会である。だから、愛想をばら撒き、カネをばら撒き、財政破綻する。

問題は、財政破綻後、どのように復活するか。その準備が足りないことである。

破綻シナリオを検討し、破綻後、何をするか決めておく必要がある。

破綻するとどうなるか。国債は発行できないから、税収の範囲内で、政府支出をまかなうということになる。今年は90兆円を国債で資金調達しているから、今年度破綻すれば、90兆減らす必要に迫られることになる。90兆のうち60兆は、コロナ関連だから、平時のことを考えれば、30兆足りない。30兆円、増税するのか、支出を減らすのか、減らすのであれば、何をいくら減らすのか、検討し、決めておく必要がある。

破綻してから決めるのでは、時間がない。破綻すれば、1日ごとに日本は、株も為替も暴落し、企業も個人も資産も流出し、経済の立て直しが難しくなる。したがって、破綻したらすぐにどういう措置をとるか、アクションプランを検討しておく必要がある。

現実的には、増税半分、支出削減半分ということになろう。世界の様々な国の過去の財政破綻事例からいってもそうだ。

ここでは詳細には検討できないから、支出削減について考え方を提起しておく。財政破綻後の世界は、世界経済も変わっていて、バブルの時代は終わっている。世界経済が、自給自足、安定循環経済、ぜいたく品から必需品へ、という流れになるというのと同様に、日本の政府支出もぜいたく品はすべて削除し、必需品に絞って供給することになろう。

年金でいえば、ベースは自分で貯蓄などで備え、不慮の事態で収入が見込みよりも極端に減った人に年金を給付することになるだろう。損害保険に近い、保険の本質に近い年金に変わらざるを得ないだろう。医療も同じだ。不慮の事故、緊急事態、急性期治療、そういうことが中心で、日常的な医療への公的保険の補助は減ることになろう。

ただし、社会保障についての削減案は、政治的にこれまで難しかっただけで、専門家の間では、何が必需品で何がぜいたく品か、という議論はかなりされているはずだ。後は、ぜいたく品までは手が回らない、というコンセンサスが社会でできればよいだけだ。

一方、難しいのはそれ以外の部分だ。教育費がぜいたく品か必需品か、防衛費がどちらなのか、そういう議論が必要になる。ここでは私個人の意見は控えるが、この議論がもっとも重要で、このようなイシューこそ、政治の場で、国会の場で論争すべきことである。

もう一つの心配は、日本社会の思考停止である。財政支出の優先順位というようなもっとも必要な議論を日頃から回避し、そして議論がもっとも必要な危機に直面した時ですら、議論を拒否するのではないか。思考停止が社会を停止させてしまうのではないか。

本文でも述べたように、命と経済を無理に比較し、思考停止に陥っている社会、それが今の日本である。さらに、日本は、どうも思考停止が好きなのではないか、意図的に思考停止になるように社会を、自分自身を、持って行っているのではないか、という疑念を持たざるを得ない。

新型コロナ対策でも、効率性、コストベネフィットの議論は封印され、とにかく感染拡大防止、そのためには自粛、みんなで我慢してがんばろう、医療関係者に感謝。議論なしに情緒的に乗り切ろうとした。

個々の自粛や対策に関する必要性や妥当性の議論、経済政策の妥当性、救済対象の選択、それらの重要な意思決定のための議論も封印された。ここでも思考停止だが、これはまさに多数決の暴力、社会の同調圧力によるものであった。一旦、とにかく、ステイホーム、そうでない奴は悪者、東京はばい菌マン、故郷には帰省も葬儀にも帰ってくるな、近所で、あそこの息子さんは東京から帰ってきていたと非難されるからお願いだからやめてくれ。こういうことがエピソードではなく、一般的であった日本。

日本は、金融市場でもバブルをつくるのが好きだが、社会も世論もバブルが大好きだ。勝手に情緒的に、衝動的な流れ、世論をつくり上げ、それに同調しない人々、言論を受け入れない。それどころか、パニッシュ、懲罰する。世論バブルで、流されやすい、判断ができない多くの人を思考停止に追い込み、議論を挑み、正論を戦わそうとする人々を抑圧し、抹殺する。

日本は言論バブル社会である。

バブルは、金融市場も経済も社会も破壊する。日本は議論も社会の安定性も破壊する、世論バブル社会になってしまっている。

これが、危機に直面した場合に、もっとも危惧することで、財政危機に直面して、議論ができないばかりか、財政危機を加速し、まさに止めを刺すように、半ばやけくそ、思考停止のばら撒きで、財政破綻が起きてしまうのではないか。

私はこのような絶望感に包まれながら、それでも最後の望みを託して、この本を書いた。

これからも、筆を擱かず、どのような準備をするべきか、思考し、執筆していきたいと思う。

２０２０年７月

小幡　績

【著者紹介】

小幡　績（おばた　せき）

1967年生まれ。1992年東京大学経済学部卒業後、大蔵省（現財務省）入省、1999年退職。2000年IMFサマーインターン。2001年～03年一橋大学経済研究所専任講師。2001年ハーバード大学経済学博士（Ph.D.）。2003年より慶應義塾大学大学院経営管理研究科（慶應義塾大学ビジネス・スクール）准教授。専門は行動ファイナンス。2010年～14年まで年金積立金管理運用独立行政法人（GPIF）運用委員。主な著書に『ネット株の心理学』（毎日コミュニケーションズ）、『リフレはヤバい』（ディスカヴァー携書）、『すべての経済はバブルに通じる』（光文社新書）、『成長戦略のまやかし』（PHP新書）、『ハイブリッド・バブル』（ダイヤモンド社）、『GPIF 世界最大の機関投資家』（東洋経済新報社）がある。

アフターバブル

近代資本主義は延命できるか

2020年9月17日発行

著　者――小幡　績
発行者――駒橋憲一
発行所――東洋経済新報社
〒103-8345　東京都中央区日本橋本石町 1-2-1
電話＝東洋経済コールセンター　03(6386)1040
https://toyokeizai.net/

装　丁…………秦　浩司
D T P…………アイシーエム
印　刷…………ベクトル印刷
製　本…………ナショナル製本
編集担当………岡田光司

Printed in Japan　ISBN 978-4-492-39653-7